Sabine Heilemann

AF222742

Guter Preis - schneller Abschluss

Mein erster Hausverkauf

1. Auflage 2011

IO

Sabine Heilemann:
Guter Preis - schneller Abschluss: Mein erster Hausverkauf

© 2011 Sabine Heilemann. Alle Rechte vorbehalten. Erste deutsche Auflage. Abbildungen/ Einbandgestaltung/Layout: EAE. Herstellung und Verlag BOD GmbH, Norderstedt. ISBN 978-3-8423-8261-9. Printed in Germany 2011

Vorwort

Sie möchten Ihr Haus oder Ihre Wohnung verkaufen. Aber was genau heißt das überhaupt? Eine Zeitungsanzeige aufgeben, einigen Interessierten die vier Wände zeigen und dann ab zum Notar, den Kaufvertrag unterschreiben? So einfach ist der Immobilienverkauf leider nur in der Theo-rie. In Wirklichkeit handelt es sich um ein ernstzunehmendes Projekt, das gute Planung und auch einen nennenswerten Zeitaufwand einfordert. Denn: Sie sind es, der von einem wildfremden Menschen Hunderttausende Euro bekommen möchte. Niemand aber gibt Ihnen soviel Geld einfach so. Dafür müssen Sie etwas Gutes, etwas sehr Gutes anbieten. Und selbst wenn diese Voraussetzung geschaffen ist, dann wird es dennoch eine aufwendige Suche werden nach dem richtigen, nämlich dem tatsächlichen Käufer. Denn diesen einen richtigen, den müssen Sie erst einmal finden. Bei weitem nicht jeder Mensch, dem Sie zufällig in der Fußgängerzone oder sonstwo begegnen, kommt als Käufer in Frage: Die weitaus meisten kommen eben gerade *nicht* in Frage: Sie wollen überhaupt kein Haus kaufen. Sie möchten, aber Sie wollen Ihres nicht. Oder sie wollen, haben aber kein Geld usw. usw.

An dieser Stelle scheiden sich üblicherweise die Geister. Vor dem Verkaufsaufwand nämlich schrecken nicht wenige Menschen zurück und beauftragen lieber einen Immobilienmakler. Damit geben sie einen Teilaufwand der Verkaufsarbeit ab. Nur einen Teil, weil der Verkäufer natürlich trotzdem sein Objekt zum Verkauf herrichten muss und, in aller Regel, beim Besichtigungstermin anwesend sein soll oder will. Und natürlich kostet diese Beauftragung von Drittleistungen Geld. Viel Geld. Manche Verkäufer meinen: nicht ihres.

Weil üblicherweise der Käufer die Maklerprovision bezahlt. Doch das ist nicht richtig. Denn jedes Objekt hat nur einen einzigen Marktwert, nicht mehrere. Und von diesem einen Marktwert wird die Maklercourtage (die Maklerprovision) abgezogen. Unter dem Strich bezahlt also doch der Verkäufer die Courtage.

Die Meinungen darüber, ob dieses Outsourcing eher Vorteile oder Nachteile bringt, sind geteilt. Zwar ist es richtig, dass die meisten Menschen nur sehr selten, oft nur ein einziges Mal im ganzen Leben, eine Immobilie verkaufen. Der Makler dagegen tut dies „jeden Tag", weshalb im Vergleich der Erfahrungsschatz und Kundenpool von Makler und Privatverkäufer höchst unterschiedlich ist.

Aber – der Käufer muss in all diesen Fällen die durch erhebliche Courtagen „künstlich" verteuerte Immobilie bezahlen. Und dieser Betrag geht dem Verkäufer am Hauspreis verloren. Makler-Provisionen liegen üblicherweise zwischen 3 und 6 Prozent des Kaufpreises. Für den Verkauf eines Hauses zum Preis von 295.000 Euro erhält der Makler also zwischen 9.000 und 18.000 Euro. Diesen nicht unerheblichen Betrag könnten Sie Ihrem zukünftigen Käufer ersparen und dadurch schneller zu einem Kaufabschluss gelangen. Oder Sie könnten, wenn Sie es sich zutrauen, die Zusatzsumme auch selbst einnehmen, indem Sie Ihren Angebotspreis entsprechend höher ansetzen.

Wie auch immer: Ein Haus oder eine Eigentumswohnung erfolgreich privat zu verkaufen ist kein Hexenwerk. Wer die Vermarktung gut vorbereitet und dann professionell angeht, der wird in aller Regel auch einen guten Kaufabschluss erreichen. Die folgenden Grundanforderungen müssen für jeden erfolgreichen Immobilienverkauf erfüllt sein:

1. **Ein marktfähiger Angebotspreis**

2. **Eine professionelle Präsentation**

3. **Eine effektive Vermarktung**

4. **Ein flexibler Verkäufer**

Die folgenden Seiten führen Sie in komprimierter Schnellfassung in die Grundlagen des Immobilienverkaufs ein. Da sich immer wieder zeigt, dass viele Menschen Schwierigkeiten mit Punkt 2 (Präsentation des Verkaufsobjekts) haben, liegt der Schwerpunkt dieses Ratgebers darauf. Zu Ihrer Unterstützung sind daher auch Abschriften echter, erfolgreicher Exposés enthalten, durch die die betreffenden Objekte erst kürzlich erfolgreich verkauft wurden.

Jetzt soll es aber losgehen. Ich wünsche Ihnen eine interessante Lektüre, aus der Sie einiges Know-How zu Ihrem Vorteil mitnehmen können. Wenn Sie später am Ende dieses Ratgebers zufrieden angekommen sind, dann würde ich mich über eine kleine positive Rezension dieses Titels auf einer der einschlägigen Internet-Buchhandlungsseiten freuen. Ich wünsche Ihnen Alles Gute und viel Erfolg für Ihren Immobilienverkauf.

Ihre Sabine Heilemann

Grundlagen

1. Der marktfähige Angebotspreis

Daumenregel

Interessiert sich innerhalb von zwei Monaten niemand für Ihr Angebot, dann ist es (viel) zu teuer.

Grundsätzlich ist jedes Produkt genau soviel wert, wie ein Käufer dafür bezahlen möchte. Ganz einfach also: Falls vergleichbare Häuser für 200.000 Euro verkauft wurden, Sie aber 500.000 Euro für das Ihre bekommen – dann war Ihr Haus dies wert. Sollten sich dagegen lediglich 100.000 Euro realisieren lassen, dann ist die Immobilie eben auch nur 100.000 Euro wert.

Also: Weder Käufer noch Verkäufer bestimmen den Preis – sondern allein der Markt. Ausschlaggebend für den Wert einer Immobilie ist in erster Linie ihr(e) Raum, Fläche, Bauzustand, Ausstattung und Attraktivität der Lage. Aus diesen Punkten in Kombination mit dem gewählten Angebotspreis ergibt sich die Nachfrage, die sich entsprechend dem Verhältnis „Preis zu Angebot" einreguliert zwischen „Null" und „Telefon steht nicht mehr still".

Der Grundsatz der US-amerikanischen Immobilienbranche »Location, location, location!« (Lage, Lage, Lage!) enthält viel Wahrheit. Denn die Lage einer Immobilie ist hier wie dort so ziemlich das einzige Merkmal, das auch mit großem Aufwand nicht verändert werden kann.[1] Ein durchschnittliches Einfamilienhaus in einem beliebten Großstadt-Vorort wird immer einen höheren Preis erzielen als ein noch so fantastisch ausgestattetes Haus weit abgeschlagen im Nirgendwo. Das liegt daran, dass zwar nicht alle, aber eben doch die meisten Menschen in der Nähe von Schulen, Einkaufszentren und Autobahnauffahrten wohnen möchten. Die Grundstückspreise (Lage!), und damit auch die Hauspreise richten sich danach.

---

[1] Seltene Ausnahmen gibt es.

8

Grundlagen

Falls Sie hinsichtlich des Wertes Ihres eigenen Objektes unsicher sind, so können Sie die Schätzung einem kompetenten Gutachter überlassen (üblicher Stundensatz: etwa 75 Euro). Sie könnten auch zwei oder drei Meinungen von verschiedenen Maklern einholen. Doch mehr als ein Anhaltspunkt können all diese Auskünfte nicht sein, eben weil der Marktpreis nicht von Gutachtern und Maklern bestimmt wird - sondern ausschließlich vom Markt: Es mag keinen Käufer geben, der den Schätzpreis bezahlen will. Oder umgekehrt, ein Interessent könnte unbedingt dieses Objekt haben wollen und deshalb über Marktpreis zu bezahlen bereit sein.

Vielleicht besitzen Sie aber auch schon eine Vorstellung vom Wert Ihres Hauses oder Ihrer Wohnung. Es wird höchstwahrscheinlich eine subjektive sein. Wie aber erhalten Sie eine objektive Wertangabe Ihrer Immobilie? Erste Anhaltspunkte finden Sie in Tageszeitungen und Internet-Datenbanken. Dabei werden allerdings nur selten wirklich vergleichbare Immobilien vorhanden sein.[2] Es bleibt also zunächst bei diesem unbestimmten „Ungefähr"-Preisgefühl. Und eine weitere Schwierigkeit liegt darin, dass Angebotspreise NICHT die tatsächlichen Verkaufspreise sind. Die wirklichen Verkaufspreise liegen fast immer unter den Angebotspreisen, weil nahezu jeder Käufer den Preis verhandelt, und die Verkäufer sich bei diesen Preisverhandlungen nicht zu stur verhalten. Als Daumenregel liegen Verkaufspreise durchschnittlich um 5 bis 15 Prozent unter den Angebotspreisen.

Um Ihnen eine eher objektive Möglichkeit zur Preis- bzw. Wertermittlung für Ihre Immobilie an die Hand zu geben, finden Sie zwei mögliche Methoden auf der nächsten Seite. Natürlich werden Sie versuchen, den höchstmöglichen Preis zu erzielen. Ob dieses Ziel erreichbar ist, das hängt unter anderem von Ihrem Zeitfenster ab. Nur dann, wenn Sie Ihre Immobilie ohne Zeitdruck anbieten können, ist es möglich, „den einen richtigen Käufer" zu suchen, der etwas mehr zu zahlen bereit ist als andere. Die Betonung aber liegt

---

[2] Ausnahme vielleicht: Endlose Reihenhausketten.

Grundlagen

BERECHNUNG VON IMMOBILIEN-PREISEN

METHODE A: Der durchschnittliche Angebotspreis

1. Suchen Sie mindestens drei Objekte in Verkaufsanzeigen, die in Ausstattung, Größe und Lage möglichst nahe Ihrem Objekt entsprechen.
2. Addieren Sie sowohl die Angebotspreise dieser Objekte, als auch die Quadratmeter der Wohnflächen.
3. Teilen Sie die Summe der Angebotspreise durch die Summe der Wohnflächen-Quadratmeter. Damit besitzen Sie einen rudimentären Durchschnittswert in Euro pro (Innen-) Quadratmeter.
4. Multiplizieren Sie diesen Durchschnittswert mit der Wohnfläche Ihrer Immobilie. **Ergebnis: Der durchschnittliche Angebotspreis** für Ihr Objekt – zu dieser Zeit, in dieser Region, in diesem Medium.

METHODE B: Der theoretische Immobilien-Wert

1. Berechnen Sie den Grundstückswert des Grundstücks: Fläche mal durchschnittlicher Bodenrichtwert für Ihre Region. Das nennen wir Summe A.
2. Berechnen Sie den Gebäudewert Ihrer Immobilie: Umbauter Raum (Raum – nicht Fläche!) mal durchschnittlichem Raumwert je Kubikmeter für Ihre Region. Das nennen wir Summe B.
3. Berechnen Sie die Summe der Neuwerte von Sonderausstattungen wie etwa Garage, Balkon, Sauna etc. Das nennen wir Summe C.
4. Addieren Sie B und C. Das nennen wir Summe D.
5. Ziehen Sie von D einen Abschlag für das Alter ab: Bei Gebäudealter 30 Jahre: Etwa 35 %. Das nennen wir Summe E.
6. Addieren Sie Summe E und Summe A. **Ergebnis: Der theoretische Wert** Ihrer Immobilie. Sonderfaktoren bleiben unberücksichtigt.

Grundlagen

hier auf „suchen". Denn eine Garantie, dass Sie ihn jemals finden, gibt es nicht. Vermeiden sollten Sie den Fehler eines zu stark überhöhten Angebotspreises. Dies hat gleich mehrere Nachteile:

- Es wird erschwert, Abnehmer zu finden. Käufer reagieren im Allgemeinen sehr preissensibel.
- Es dauert übermäßig lang, bis es zum Verkauf kommt – Sie blockieren sich selbst.
- Ihr Objekt „veraltet" in den Datenbanken. Aufmerksame Interessenten erkennen auch noch nach Monaten Ihr Angebot. Sie wissen dann, dass es zu diesem Preis nicht verkauft wird, und vermuten schnell einen „Ladenhüter". Wodurch Ihre Immobilie Gefahr läuft, als „verbrannt", also als unverkäuflich, zu gelten.

2. Die professionelle Präsentation

Kaufinteressenten ziehen Rückschlüsse **auf** die Qualität des Produkts **aus** a) dem Auftreten des Verkäufers und b) dem Erscheinungsbild von Haus, Grundstück und Eigentümer. Dies gilt besonders ausgeprägt immer dann, wenn sich Interessenten im betreffenden Sachgebiet (hier: Bautechnik) wenig oder gar nicht auskennen. Da Sachwissen im Bauwesen vielen Menschen eher fremd ist, steht also bereits fest, dass Sie und Ihr Objekt zu einem erheblichen Maß nach Ihrem Erscheinungsbild beurteilt werden. Einer professionellen Präsentation kommt also ein hoher Stellenwert im Hinblick auf einen erfolgreichen Verkauf zu.

Zwar können Sie Ihr Haus oder Ihre Wohnung im Flohmarktstil anbieten – wackeliger Tapeziertisch, schmutzige Einzelblätter und qualmende Zigarette im unrasierten Mundwinkel fallen als Assoziationen ein – dann dürfen Sie sich aber nicht wundern, wenn auch Ihr Verkaufsergebnis diesem Standard entspricht.

Nach wie vor gilt immer und überall in der Welt: Wer mehr möchte,

Grundlagen

der muss mehr leisten. Stecken Sie also zu Ihren eigenen Gunsten mehr Aufwand in die Präsentation. Die Art und Weise, wie Sie den Verkauf, ihre Immobilie und auch sich selbst den Interessenten präsentieren, ist das A und O des erfolgreichen Verkaufs.

Ratschlag
Falls Sie denken, bereits alles Menschenmögliche getan zu haben – dann verdoppeln Sie Ihre Anstrengungen.

Der Präsentation dient alles, wirklich alles, womit der potentielle Käufer in direkten Kontakt gerät: Text und Layout Ihrer Verkaufsanzeige, Gesprächsverlauf und Stil am Telefon, Text und Layout des Exposés, später der Zustand und die Ordentlichkeit Ihres Hauses und Grundstücks, und nicht zu vergessen – auch Ihre Person: Seien Sie ein freundlicher und sympathischer Verkäufer, von dem gern gekauft wird.

Aus dieser Abfolge ergibt sich, dass das Immobilien-Exposé, also die Beschreibung und Nahebringung Ihres Angebotes, oft der erste konkrete Kontakt eines Kaufinteressenten mit seinem vorausgewählten Objekt ist. Das Exposé erzeugt häufig den berühmten ersten Eindruck. Vergessen Sie bitte auch nicht, dass Interessenten zu diesem Zeitpunkt oft schon mehrere Objekte aussuchten oder noch dabei sind. Ihr Angebot und Exposé steht also in direkter Konkurrenz mit anderen Angeboten und Exposés. Damit Sie das Rennen machen, und genau das ist Ihr Ziel, muss Ihr Angebot besser sein als alle anderen Angebote!

Ihr Exposé ist der schrift- und bildgewordene „Beweis", dass Sie ein gutes Produkt anbieten, das seinen Preis wert ist. Dabei ist es völlig gleich, ob Sie eine Wohnung, ein Haus oder eine Fabrikhalle anbieten – das Exposé sollte immer stimmen. Es enthält Abbildungen und Beschreibungen. Es enthält relevante technische Daten. Es enthält zusätzliche Informationen wie beispielsweise „kann voll

---

Grundlagen

---

möbliert und eingerichtet übernommen werden". Und schließlich enthält es wesentliche Aussagen und Feststellungen von Dritt-Parteien zum Objekt, also etwa einen Energieausweis, ausgestellt durch ein Ingenieurbüro.

3. Die effektive Vermarktung

Vermarkten heißt hier verkaufen, und effektiv heißt „mit dem geringstmöglichen Aufwand das bestmögliche Ergebnis erzielen". Aufwand erzeugt das Bekanntmachen und Vorstellen Ihres Angebotes. Bekannt machen können Sie Ihre Verkaufsimmobilie durch Anzeigenschaltungen in Tageszeitungen und in Immobilien-Datenbanken im Internet, aber auch durch Aushänge beim Arbeitgeber und im Supermarkt. Schließlich können auch noch Drittpersonen eingeschaltet werden wie Makler und Bekannte. Die genannte Reihenfolge stellt keine Bevorzugung bestimmter Verkaufskanäle dar.

Wenn Sie Ihr Haus selbst verkaufen möchten, dann werden Sie nicht umhin kommen, aussagekräftige Unterlagen in kleiner Auflage zusammenzustellen und den Verkauf zu veröffentlichen. Dabei sollten Sie sich nicht auf ein einziges Medium beschränken. Je nach Art Ihrer Anzeigen erreichen Sie verschiedene Käuferschichten. Verwalten Sie eingehende Telefonanrufe oder sonstige Kontaktaufnahmen von Interessenten professionell: Legen Sie für jeden Interessenten ein Datenblatt an. Halten Sie Art der Kontaktaufnahme, Telefonnummer und wichtige Gesprächsdetails schriftlich fest. Diese Angaben werden bei späteren Besichtigungstermin(en) oder sonstigen Gesprächen, die vielleicht erst in vielen Wochen stattfinden, sehr von Vorteil sein.

a) Printmedien

Immobilien-Verkaufsangebote gab es früher fast ausschließlich in Zeitungen und Zeitschriften. Heute ist das Internet die erste Wahl, doch einiges spricht immer noch für eine Zeitungsanzeige. Die Aus-

Grundlagen

wahl der Zeitung bestimmt den Markt, den Sie ansprechen: Mit einer Anzeige in der lokalen Tageszeitung erreichen Sie natürlich auch nur lokale Interessenten. Das kann vollständig ausreichen, wenn sich Ihre Immobilie in einer gesuchten Wohngegend befindet, da hier häufig genügend Interessenten „in den Startlöchern" stehen. Eine kleine Anzeige mit den Grunddaten Ihres Hauses – Standort, Preis, Wohn- und Grundstücksfläche, Zimmeranzahl, Zustand, Telefonnummer – wird hier bereits erste Kontakte bringen. Die Anzeigenpreise wurden in den letzten Jahren aufgrund steigender Internetkonkurrenz gesenkt. Trotzdem können sich Anzeigenkosten schnell summieren, wenn mehrmaliges Schalten erforderlich wird.

Ein Nachteil der Zeitungsanzeige ist der nur begrenzte Platz zur Beschreibung und ihre nur kurze Laufzeit. Ein großer Vorteil aber ist, dass auch diejenigen Menschen erreicht werden, die sich nicht im Internet bewegen können oder wollen. Übrigens melden sich erfahrungsgemäß auch viele Makler auf private Zeitungsanzeigen.

Chiffre-Anzeigen erschweren den Erstkontakt für Interessenten und sind deshalb nur in besonderen Fällen zu empfehlen.

Viele Zeitungen bieten mittlerweile auch Online-Datenbanken an. Der Vorteil liegt unter anderem in der längeren Laufzeit – die Anzeige bleiben mehrere Wochen lang sichtbar. Falls Sie sich für eine Zeitungsanzeige entscheiden, sollten Sie diese Zusatzoption buchen.

b) Internet

Immobilien-Datenbanken im Internet sind inzwischen das Hauptvermarktungsmedium. Hier erreichen Sie Interessenten standortunabhängig. Große Portale heißen Immobilienscout24, Immonet und Immopool. Alle Datenbanken sind kostenpflichtig. Die Laufzeit der Anzeige bestimmt der Inserent selbst, die untere Grenze ist in der Regel ein Monat mit Verlängerungsmöglichkeit. Großer Vorteil der Internet-Anzeigen ist der viele Platz, der für Text, Fotos und Grundrisse zu Verfügung steht. Solch eine Anzeige vermittelt ein

Grundlagen

wesentlich vollständigeres Bild Ihrer Immobilie, als es eine Zeitungsanzeige jemals kann. Und das blitzschnell und in ganz Deutschland, genau genommen sogar in der gesamten Welt. Bevor Sie eine Anzeige schalten, sollten alle Ihre Unterlagen bereitliegen. Überlegen Sie gut, welche Daten und Angaben Sie veröffentlichen möchten. Name, Telefonnummer und Anschrift in der Anzeige bringt nicht nur potentielle Interessenten ohne Terminvereinbarung direkt an Ihre Haustür. Sackweise Werbung in der Post ist eine andere, auch eher noch harmlose Auswirkung. Denn möglicherweise laden Sie sich auch Einbrecher ein, denen Sie die Haus-Grundrisse gleich mitliefern. Denken Sie daran, dass auch Ihre Nachbarn die Verkaufsaktivitäten beobachten können. Wir empfehlen deshalb in einer Internetanzeige:

- keine Namen zu nennen.
- keine bekannte Telefonnummer anzugeben: Ein eigens für diesen Zweck angeschafftes Prepaid-Handy reicht aus.
- auf keinen Fall die vollständige Anschrift zu veröffentlichen.

c) Öffentliche Aushänge
Nicht unterschätzt werden sollte diese einfache und günstige Angebotsmöglichkeit. Befindet sich Ihre Immobilie in einer nachgesuchten familienfreundlichen Gegend, dann bieten sich schön aufbereitete DIN A4-Aushänge in Supermärkten, Schulen und Kindergärten an. Auch das Schwarze Brett des Arbeitgebers bietet eine interessante Möglichkeit.

d) Verkaufsschild(er) am Objekt
Wer schon einmal die USA besucht hat, der kennt die vielen Verkaufsschilder in den Vorgärten: Unterschiedlich ästhetische Schilder direkt am Haus oder im Garten künden vom Verkauf dieser Immobilie und geben die Telefonnummer an. Interessenten bekommen also die Außenbesichtigung zur Kontaktmöglichkeit gleich mitge-

Grundlagen

liefert. Und der Verkäufer nutzt ein kostenloses, unbefristetes Inserat in „beliebiger" Größe und Machart. Eine sogenannte Win-Win-Situation, und an frequentierten Orten auch erfolgsversprechend. Aber: Der Verkäufer veröffentlicht sich natürlich vollständig.

e) Immobilienmakler

Obwohl Sie beschlossen, Ihre Immobilien selbst zu vermarkten, werden Sie immer mal wieder Anfragen von Maklern erhalten. Eine Privat-Vermarktung schließt eine Maklerbeteiligung nicht aus. Mit einigen klaren Abgrenzungen können Sie auf diese Weise den Kreis der Interessenten erweitern. Makler besitzen beispielsweise Suchaufträge von ortsässigen Firmen: Etwa, um ein passendes Haus für leitende, versetzte Angestellte zu finden.

Erteilen Sie dabei dem Makler aber auf keinen Fall eine Alleinvertretungsvollmacht. Legen Sie vielmehr schriftlich fest, was er darf (etwa: Ihr Haus gezielt einzelnen Interessenten anbieten), und was er nicht darf (etwa: Ihr Haus im Internet veröffentlichen).

4. Der flexible Verkäufer

Um einen erfolgreichen Abschluss eines Immobilienverkaufs zu erreichen, ist häufig nicht nur eine gewisse Preisflexibilität beim Verkäufer gefragt. Auch auf andere Belange der Interessenten sollte flexibel reagiert werden.

Besichtigungstermine

Besichtigungstermine sind aufwendig und auch nicht sehr spaßig. Sie sollten deshalb nur ernsthaften Interessenten angeboten werden. Alles andere bedeutet immensen, sinnlosen Zeitaufwand und stellt auch ein Risiko dar. Aber wie sind ernsthafte Interessenten zu erkennen? Zum einen wird nicht selten schon während des ersten Telefonats klar, wie interessiert, und auch kauffähig, der Anrufer wirklich ist. Fragen nach dem Familienstand, wie lange schon nach einem neuen Zuhause gesucht wird, wieviele Immobilien schon an-

Grundlagen

geschaut wurden, und warum die bisherigen nicht interessant waren, helfen dabei. Bei Zweifeln an Interessents Ernsthaftigkeit können kleine Hemmschwellen eingebaut werden: So könnten Sie am Telefon zwar die Hausadresse nennen, den Anrufer aber bitten, sich die Immobilie zunächst nur von außen anzuschauen. Und nur, wenn sie dann noch in Frage kommt, telefonisch einen späteren Innentermin mit ihm vereinbaren.

Bereiten Sie anstehende Besichtigungen professionell vor. Der erste Eindruck ist der wichtigste. Achten Sie bereits bei der Terminvereinbarung darauf, Ihr Haus in gutem Licht erscheinen zu lassen: Falls Sie gegenüber einer Schule wohnen, ist ein Termin zum Schulschluss mit lärmenden Kindern und viel Verkehr nicht ratsam. Wählen Sie dann besser verkehrs- und geräuschruhige Zeiten aus.

Führen Sie Besichtigungstermine niemals allein durch, sondern seien Sie immer mindestens zu zweit im Haus. Wenn Sie die erste Großfamilie durch Ihr eingerichtetes Haus führen, und gleichzeitig in mehreren Räumen fremde Personen stehen, dann werden Sie die Hilfe und Kontrolle zu schätzen wissen.

Ein sauberes und ordentlich aufgeräumtes Haus vorzustellen ist zwar selbstverständlich, doch achten Sie auch auf vermeintliche Kleinigkeiten: Umherstehende Schuhe, gefüllte Papierkörbe oder volle Wäscheständer sind nicht vorteilhaft. Wertgegenstände gehören aus der Sicht, noch besser eingeschlossen. Ein schöner Blumenstrauß und ein gefüllter Obstkorb zeigen ein gemütliches und lebenswertes Zuhause an. Schalten Sie die Beleuchtungen ein, auch tagsüber. Und gehen Sie vor dem Termin noch einmal Haus und Grundstück zur Kontrolle ab.

Dann wird es wichtig, sich die eigenen Telefonnotizen zum aktuellen Interessenten in Erinnerung zu rufen: Eine Familie mit Kindern können Sie auf Alterskameraden in der Nachbarschaft hinweisen, bei einem Rentnerpaar können Sie die Ruhe, nahegelegene Ärzte und Apotheken hervorheben.

Weisen Sie während der Besichtigung auf kleinere Mängel hin, ohne

Grundlagen

sie in den Vordergrund zu stellen. Mit einem „. . . hier im Bad ist eine Fliese gerissen. Das lässt sich leicht beheben. Uns hat es bisher nicht gestört.. . ." belegen Sie Ehrlichkeit und Offenheit und bauen ein Vertrauensverhältnis beim Interessenten auf. Loben Sie Ihre Nachbarschaft. Eventuelle Spannungen gehen mögliche neue Eigentümer nichts an, und niemand möchte in eine streitfreudige, unfreundliche Gegend ziehen.

Wenn Sie über ein gewisses zwischenmenschliches Gespür verfügen, dann werden Sie im Laufe des Besichtigungstermins feststellen, ob bei einem Interessenten(paar) „der Funke überspringt". Es könnte der Anblick des Gartens sein, der Ausblick vom Balkon oder die einladende Terrasse bei Sonnenschein. Verharren Sie an diesen Stellen etwas länger, erzählen Sie noch nicht entdeckte oder noch nicht besprochene Kleinigkeiten. Verschenken Sie einen gerade vom Baum gepflückten Apfel oder ein Glas Marmelade aus eigenen Früchten.

Zum Ende der Besichtigung übergeben Sie das Hausexposé. Bedanken Sie sich für das Interesse an Ihrem Angebot. Bauen Sie keinen Termindruck auf. Wer sich nach einer ersten Besichtigung nicht mehr meldet, hat schlichtweg kein Interesse.

Nachdem die Interessenten sich verabschiedeten, schreiben Sie zumindest stichpunktartig ein kleines Protokoll über diesen Termin: Wann fand er statt, wer war anwesend, was hat gefallen, was hat nicht gefallen, was sind die Bedürfnisse? Falls Sie zusagten, weitere Informationen zu liefern, dann kümmern Sie sich unverzüglich darum. Ernsthafte Interessenten dürfen durchaus ein wenig hofiert werden.

Kaufverhandlungen

Ernsthafte Kaufinteressenten werden es nur selten bei einer Besichtigung belassen. In der Regel wird ein Folgetermin (oder sogar mehrere) vereinbart, dann häufig mit erweiterter Familie und/oder anderen Ratgebern.

Grundlagen

Stellen Sie dazu, falls nicht bereits geschehen, alle Unterlagen zusammen, die für einen Abschluss benötigt werden. Hierzu gehören: Baupläne, Grundriss-Zeichnungen, Statik-Nachweise, Grundbuchauszüge, Katasterauszug, Wohnflächenberechnung, Energieausweis und Heizungsunterlagen.

Die Familie sollte immer überzeugt und hofiert werden. Gehen Sie Ihre Hausrunde wie bei der Erstbesichtigung. Begleitende Ratgeber hingegen – gleich, ob aus dem Freundeskreis der Interessenten stammend oder professioneller Fachmann – setzen die Basis für Kaufpreisverhandlungen. Mängel am Haus bzw. deren Reparaturkosten werden von Interessentenseite regelmäßig großzügig beziffert.

Üblicherweise erhalten Sie dann ein Gegenangebot zu Ihrem Angebotspreis. Liegt der Abschlag gegenüber Ihrem Preis im Bereich von 1 bis 15 Prozent, diese Grenzen müssen Sie selbst festlegen, dann nehmen Sie das Gegenangebot freundlich entgegen. Teilen Sie mit, dass Sie sich in den nächsten Tagen dazu äußern werden. Liegt das Gegenangebot weiter darunter, bleiben Sie trotzdem höflich, aber stellen Sie klar, dass Sie diesen Verhandlungsspielraum nicht sehen.

In Ihrem Geiste haben Sie sicher schon eine Preisgrenze gesetzt. Aufgrund der Anzahl der Besichtigungen, also der Nachfrage, sollten Sie diese Preisgrenze jetzt überprüfen. Tatsächliche Kaufabschlüsse liegen üblicherweise 5 bis 15 Prozent unter dem Angebotspreis. Unterbreiten Sie also Ihr Gegenangebot, noch etwas über Ihrer inneren Preisgrenze liegend.

Vielleicht können Sie dem Käufer auch ein zusätzliches „Bonbon" anbieten: Zum Beispiel könnte die Einbauküche ohne Aufschlag im Haus verbleiben. Hat dem potentiellen Käufer etwas anderes gut gefallen – die Oleander-Sammlung in Terrakottatöpfen, der Kupferstich im Bürozimmer oder auch das Auto in der Garage – dann bieten Sie es ihm an![3] Sichern Sie eine korrekte und schnelle Abwick-

---

[3] Natürlich nur, wenn Ihre Kalkulation damit dennoch aufgeht.

Grundlagen

lung zu. Preisverhandlungen können sich hinziehen. Nicht selten liegt es daran, dass eine Partei die andere „weichkochen" will. Falls Sie glauben, es mit einem wirklichen Interessenten zu tun zu haben, dann können Sie in solchen Situationen nebenbei einen anderen konkreten Interessenten erwähnen. Aber Vorsicht, hier ist Fingerspitzengefühl gefragt: Sie wollen lediglich die Verhandlungen beschleunigen – nicht Ihren potentieller Käufer vergraulen.

Wenn Sie sich dann auf einen Kaufpreis einigen konnten, sind noch die folgenden Punkte zu klären oder zu verhandeln:

- Anzahlungen
- Inventar und Zubehör
- Zahlungstermin
- Übergabezeitpunkt
- Notartermin

Jetzt sollten Sie mit dem Käufer einen Vorvertrag über die ausgehandelten Modalitäten abschließen. In diesem wird auch festgehalten, ob, und falls ja welche Mängel an der Immobilie festgestellt wurden. Diese schriftliche Niederlegung kann bei eventuellen späteren Auseinandersetzungen eine wichtige Beweisfunktion besitzen.

Ein Immobilien-Vorvertrag ist in Deutschland zwar rechtlich nicht bindend im Sinne einer Abnahmeverpflichtung: Der Käufer kann sogar noch zum Notartermin seine Unterschrift verweigern, ohne Nachteile in Kauf nehmen zu müssen. Ein Vorvertrag stellt aber eine rechtliche Nebenkostenabsicherung und moralische Verpflichtung dar, und zwar ein beiderseitige. Sie als Verkäufer sichern damit beispielsweise zu, keine weiteren Verhandlungen mit anderen Interessenten zu führen und Ihre Anzeige(n) zu deaktivieren. Und für den Fall des Nichtzustandekommens des Notarvertrags können Sie eine finanzielle Entschädigung festlegen.

Notar und Kaufvertrag

Rein technisch gesehen ist der Erwerb eines Hauses nichts anderes

Grundlagen

als der Austausch eines Bündels Geld gegen die Eigentumsrechte an einem Gebäude. Wie immer sieht die Wirklichkeit etwas weniger einfach aus. Immobilien-Kaufverträge müssen in Deutschland vor einem Notar geschlossen werden.[4] Den Vertragstext bestimmen die Vertragsparteien. Üblicherweise legt der Notar einen Standard-Vertragsentwurf vor, an dem beide Parteien beliebige Änderungen vornehmen können. Der Notar nimmt eine neutrale Position ein: Er handelt sowohl im Interesse des Käufers als auch des Verkäufers. Dabei ist der Notar nicht verpflichtet, über steuerliche Aspekte des Kaufs zu beraten. Im Kaufvertrag werden folgende Punkte festgehalten: Name und Anschrift des Verkäufers und des Käufers, genaue Bezeichnung des zu verkaufenden Grundstücks, Höhe des Kaufpreises, Haftungsausschluss des Verkäufers[5], eventuelle Erklärungen des Käufers, dass Mängel bekannt sind sowie der Zeitpunkt der Übergabe des Objekts mit allen Rechten und Pflichten.

Die endgültige Fassung des Vertrags wird dann vom Notar ausgefertigt und zu einem gemeinsamen Notariatstermin, bei dem sowohl Käufer wie auch Verkäufer anwesend sein müssen[6], vom Notar noch einmal verlesen. Ist man sich in allen Punkten einig, dann wird der Vertrag von beiden Parteien in Anwesenheit des Notars unterzeichnet und von ihm beurkundet.

Mit dem Kaufabschluss gehen die Eigentumsrechte und –pflichten an Gebäude und Grundstück auf den Käufer über. Direkt nach der rechtsgültigen Unterzeichnung veranlasst der Notar die Eintragung einer sogenannten Auflassungsvormerkung im Grundbuch: Diese stellt für den Käufer sicher, dass das Objekt ab sofort nicht mehr an einen Dritten verkauft werden kann.

---

[4] § 311b Abs. 1 BGB
[5] . . . nach dem der Verkäufer nicht für Mängel haftet, die ihm zum Zeitpunkt des Verkaufs unbekannt waren.
[6] Vertretung mit schriftlicher Vollmacht ist möglich.

Grundinstrument zur Vermarktung einer Immobilie ist das soge-
nannte Exposé. Es besteht aus einer Zusammenstellung von
meist DIN A4-Seiten, die alle relevanten Informationen zum Objekt
schnell, griffbereit und ansehnlich liefern. Dabei sollte das Werk ein
möglichst umfassendes und nicht zuletzt auch positives Bild vom
Objekt vermitteln. Das Exposé ist nicht nur das vollständige
Angebot, sondern auch Ihre und Ihrer Immobilie Visitenkarte. Und
häufig der berühmte erste Eindruck, den Sie als Verkäufer
vermitteln.

Das Exposé kann entweder vor einem Besichtigungstermin per Post
an den Interessenten verschickt werden, oder es kann zum Besichtigungstermin an ihn ausgegeben werden. Die Herstellung dieses
wichtigen Verkaufsdokumentes wird auf den folgenden Seiten auf
Basis zweier unterschiedlicher Angebote schrittweise erklärt: Ein
freistehendes 2-Familienhaus und ein kleines Reihenhaus, die beide
gut verkauft wurden: Nur 6 Wochen nach der ersten Anzeigen-
schaltung fand in beiden Fällen der Notartermin statt, und das
obendrein zu einem guten Preis: Es wurde jeweils (fast) der volle
Angebotspreis ohne nennenswerte Abschläge erzielt.

Für die technische Ausfertigung eines Exposés setzen wir auf
kompromisslosen Einsatz moderner PC-Technik. Natürlich geht es
auch mit Hilfe eines Copy-Shops und/oder eines alten Tintenstrahl-
druckers. Das Ergebnis aber wird immer hinter professionellen
Standards zurückbleiben. Auch der zeitliche Aufwand kann dann
schnell unbezahlbar werden, wenn neue Farbausdrucke oder Änderungen wiederholte Besuche beim Copy-Shop erfordern. Und
schließlich: Die Gesamtauflage eines Exposés kann leicht 20 Stück
oder mehr erreichen. Bei entsprechenden Kosten im Fall der
Fremdfertigung. Dies alles sind gute Gründe, es selbst zu machen.

Um ein professionelles Exposé zu erstellen, sind zunächst drei

Grundvoraussetzungen notwendig:

VORAUSSETZUNGEN FÜR EIN ERFOLGREICHES EXPOSÉ

1. Gebäude und Außenbereich aufbereiten

Beginnen Sie mit einer ersten, der eigenen Besichtigung. Am besten mit Notizblock und einem aufmerksamen, nicht „betriebs-blinden" Blick. Versuchen Sie Ihr Haus mit den Augen eines Fremden zu sehen. Sie fahren also mit dem Auto vor: Ist der Parkplatz sauber? Wuchert Unkraut auf dem Abstellplatz? Stehen dort all die Dinge, die Sie letzten Winter entsorgen wollten? Dann kommen Sie zur Eingangstür. Griffspuren von Kindern? Hausnummer schief? Auf die Liste damit. Eindrücke, an die Sie sich im Lauf der Zeit vielleicht gewöhnten, fallen einem Fremden sofort negativ ins Auge. Anschließend inspizieren Sie nach gleichem Muster jeden einzelnen Wohnraum, Keller und Dachboden. Und natürlich auch den Außenbereich: Im Garten, Hof, Garage oder auf der Terrasse gibt es sicher Verbesserungs-möglichkeiten des ersten Eindrucks.

Danach geht es an die Arbeit: Arbeiten Sie Ihre Liste Punkt für Punkt ab. Jeder einzelne „Störfaktor" muss entfernt oder gerichtet werden. Das kann je nach Anfangszustand des Hauses einige Zeit in Anspruch nehmen. Diese Zeit aber verdient Ihnen bares Geld: Je besser der Zustand des Hauses ist, um so größer sind die Chancen auf einen erfolgreichen Verkauf und auf einen guten Preis. Kleine Mängel dagegen werten Ihr Haus in den Augen potentieller Käufer überproportional ab. Oder noch schlimmer: Schrecken ihn gar ab nach dem vermuteten Motto: „Wo schon kleine Arbeiten nicht erledigt werden, da bleiben die großen erst recht liegen."

2. Fotos anfertigen

Der nächste Schritt besteht in der Erstellung aussagekräftiger Fotografien, was jetzt, nachdem Ordnung in das Objekt gebracht ist, einfacher fällt. Eine Digitalkamera ist unerlässlich. Kaufen Sie sich eine, falls noch nicht geschehen. Beginnen Sie mit dem Außenbereich und achten Sie auf vermeintliche Kleinigkeiten: Keine Mülltonnen vor der Tür, das Auto ordentlich geparkt, keine herumliegenden Kabel oder Schläuche. Arrangieren Sie die Sitzgarnitur auf der Terrasse und stellen Sie einen Blumenstrauß auf den Tisch. Immobilien werden mit dem Herzen gekauft! Und übrigens: Für gute, kontrastreiche Fotos achten Sie auf gutes Wetter und darauf, nicht gegen die Sonne zu fotografieren. Dies bedeutet, dass Sie die verschiedenen Seiten Ihres Hauses zu unterschiedlichen Tageszeiten aufnehmen sollten.

Für die Innenräume gilt genauso: Knipsen Sie nicht einfach drauf los. Räumen Sie überladene Flächen ab, stellen Sie einen schönen Obstkorb auf den Tisch und schalten Sie die volle Beleuchtung ein – auch tagsüber im Sommer. Nocheinmal: Sie verkaufen kein(e) Haus/Wohnung: Sie verkaufen ein *Zuhause.*

3. Unterlagen zusammenstellen

Suchen Sie alle relevanten Unterlagen Ihres Objektes zusammen: Lageplan, Grundrisse aller Geschosse, Energieausweis usw. (Verkäufer sind seit einigen Jahren gesetzlich verpflichtet, einen Energieausweis für das zu verkaufende Gebäude vorzulegen.) Falls die Immobilie in einer ländlichen Gegend liegt, kann auch eine Umgebungskarte zur Orientierung sinnvoll sein.

Scannen Sie all diese Unterlagen mit einer Auflösung ein, die Ausdrucke in A4-Größe ohne Qualitätsverlust ermöglicht, meist also mindestens 200 dpi.

Wesentlich bei Textformulierung und Layoutgestaltung eines Exposés ist die Bestimmung der richtigen Käuferzielgruppen – und die daraus folgende Ausrichtung des Exposés: So macht es wenig Sinn, oder ist sogar kontraproduktiv, einer Familie mit nur einem kleinen Einkommen eine 11-Zimmer-Luxusvilla anzubieten. Ebenso wird ein Vorstandsmitglied negativ auf ein kleines Reihenhaus reagieren. Das Anpassen der Beschreibung und des Verkaufsangebotes an die Zielgruppen ist also Pflicht: Weder „overdone" (zu übertrieben, zu elegant, zu teuer wirkend), noch „underdone" (zu schlampig, zu unvollständig, zu billig wirkend). Genau wie eine Person negativ durch falsche Kleidung auffallen kann, wird auch Ihr Exposé negativ in Erinnerung bleiben, wenn es nicht zur Zielgruppe passt. Dieses verflixte „falsch" funktioniert komplizierterweise in beide Richtungen, genau wie die Kleidungsfrage: Im Bikini zur Dinnerparty des Vorgesetzten ist genauso falsch und nachteilig wie im Smoking als Wochenend-Umzugshilfe zu erscheinen.

Inhalt

Beginnen Sie bei Ihrer Texterstellung wieder mit einem Rundgang durch Ihr Haus oder Ihre Wohnung. Schnappen Sie sich einen Notizblock, machen Sie sich Notizen und tippen Sie anschließend einen ersten Textentwurf in den Computer. Schildern Sie Ihr Haus, Ihren Garten und Ihr Wohnumfeld. Fangen Sie am Grundstückseingang an. Beschreiben Sie den Weg zum Haus mit gefälligen Worten und stellen Sie die Vorteile vor.

Gehen Sie in das Haus und erklären Sie den potentiellen Interessenten, wie der Flur aussieht. Danach gehen Sie in das erste Zimmer. Was sehen Sie, und was davon ist für Interessenten wichtig? Ist der Raum mit Holzdecke oder einen herauszustellenden Bodenbelag ausgestattet? Große Fensterflächen werden ebenso erwähnt wie den Räumen vorgelagerte Terrassen oder Balkone. Dabei darf die Beschreibung gerne etwas blumig sein: Verwenden Sie plastische Adjektive. So können Flur oder Treppenhaus als „großzügig", Räume als „lichtdurchflutet", „gemütlich" oder „modern", Bäder als „frisch renoviert", „elegant" oder „praktisch" beschrieben werden. In dieser Art nehmen Sie jeden Raum, nach Stockwerken getrennt, auf. Begeben Sie sich anschließend auf eine kleine Tour durch Garten und Hof. Auch hier wird lebensnah beschrieben: „liebevoll angelegte Blumenbeete", „praktisches Gerätehaus", „unvergleichliche Ausblicke". Lassen Sie Ihrer Kreativität freien Lauf. Im Anschluss der Beschreibung von Haus und Garten sollte eine Umgebungsdarstellung erfolgen. Beantworten Sie darin all jene Fragen, die ein Interessent zum Umfeld stellen würde:

- Wie ist die unmittelbare Nachbarschaft geprägt (Altersstruktur, Bauweise etc.)?

- Wo befinden sich welche Einkaufsmöglichkeiten?

- Welche Kindergärten und Schulen (alle Schultypen) befinden sich in der Nähe?

- Wie ist die Parksituation?

- Welche öffentlichen Verkehrsmittel fahren in der Nähe?

Stil

Nun weiß jeder, dass Texte so oder so geschrieben werden können. Alle Produkte und Verhältnisse können positiv oder negativ betrachtet werden: Ist das halbgefüllte Glas halbvoll oder halbleer? Richtig ist doch beides.

Daraus folgt, dass es mit der bloßen Zusammenstellung von Stichworten für ein erfolgreiches Exposé nicht getan ist. Ihr Text sollte Vorteile herausstellen, anstatt Nachteile zu benennen.

Ganz eindeutig positive Attribute, wie etwa „Freistehendes Haus" oder „Ohne Maklercourtage", müssen in Ihrem Text prominent stehen und schnell mit dem Auge zu erfassen sein. Solche Feststellungen gehören weder auf die letzte Seite, noch in Fußnoten oder

Klammern. Versuchen Sie, Ihre eigene Beurteilung nicht einfließen zu lassen bei vermeintlich negativen Punkten. Was für Sie persönlich eindeutig ein Nachteil ist, das kann für einen anderen Menschen durchaus ein Vorteil sein. Formulieren Sie positiv und deuten Sie vermeintliche Nachteile in Vorteile um – aber bitte ohne die Unwahrheit zu sagen (denken Sie an das halbvolle Glas): Statt „liegt an der Hauptstraße" klingt doch viel besser: „liegt zentral und verkehrsgünstig". Statt „ländliches Umfeld" besser: „mitten in der Natur". Achten Sie auch auf Wortwiederholungen im Text und ersetzen Sie diese.

Layout

Richten Sie das Exposé-Textlayout – wie auch das gesamte Exposé – nicht an Ihren, sondern ausschließlich an den Bedürfnissen der Kaufinteressenten aus:

- Viele Menschen können kleine Schrift nicht gut lesen. Also: Der gewählte Schriftgrad sollte nicht zu klein sein, wir würden, je nach gewählter Schriftart, mindestens 12 Punkt empfehlen.

- Grautönung oder schwer leserliche Farbkontraste der Schrift sind zu vermeiden.

- Zeilenabstände sollten nicht zu eng sein.

- Blattränder sollten nicht zu schmal sein.

- Seinen Sie großzügig beim Papierbedarf. Geben Sie die Möglichkeit, Notizen am Rand oder zwischen den Zeilen anzubringen.

- Bedrucken Sie die Blätter nicht auf der Rückseite.

- Rechtschreibfehler sind unbedingt zu vermeiden. Mit heutigen PC-Programmen sollte das für niemanden mehr ein Problem darstellen.

- Fügen Sie Seitenzahlen in Ihr Dokument ein.

- Erstellen Sie ein ansprechendes Deckblatt in Farbe.

- Fertigen Sie eine Kopie Ihrer Textdatei zur Sicherung an.

Überarbeitung

So – Ihre Objektbeschreibung ist fertig . . . und sollte ganz sicher überarbeitet werden. Denn der erste Textentwurf ist niemals perfekt. Lesen Sie Ihren Text nochmals genau und in Ruhe durch. Lassen Sie ihn auch von Ihrem Partner oder von älteren Kindern Korrektur lesen. Erkennen Sie Ihr Haus? Würden Sie sich nach dieser Beschreibung dafür interessieren? Was fehlt noch? Wo wurde etwas viel aufgetragen? Welcher Abschnitt ist langweilig und uninteressant? Korrigieren Sie alle Missverständlichkeiten, ergänzen Sie Vergessenes und formulieren Sie den Text so gefällig wie möglich.

Fotos und Zeichnungen

Vermutlich ist Ihnen bereits klar, dass dem Text ähnliche Regeln auch für Grafiken und Fotos gelten. Denn auch Bilder können so oder so dargestellt werden. Und mit einer lieblosen Ansammlung von ein paar Schnappschüssen ist es ebenso nicht getan.

Qualitätsmerkmale von Fotos und Abbildungen (wie beispielsweise Grundrissen) sind Größe, Schärfe, Belichtung, Farbdarstellung, Rand zum Text und weiteres. Ob Copyrights beachtet werden müssen, ist eine Frage, die Sie selbst beantworten müssen.

Am einfachsten ist da noch die Erstellung. Mit einer modernen Digitalkamera können Sie solange probieren, bis das Foto gut aussieht – ohne dass es etwas kostet. Sortieren Sie dann selbstkritisch aus: Nicht jeder einzelne Raum muss abgebildet werden, nicht jeder abgebildete Raum wirkt auf Fotos ansprechend. Konzentrieren Sie sich auf die wichtigsten Räume und die schönsten Bilder. Dabei gilt: Schön ist relativ. Versuchen Sie zu erkennen, welche Abbildungen auf andere Menschen „schön" und /oder positiv wirken.

Den verbleibenden Rest der Fotoeinstellung wie Helligkeit, Kontrast, aber auch Bildausschnitt kann schnell eine Fotobearbeitungssoftware erledigen. Zu diesem Zeitpunkt sollten Sie auch diejenigen Daten in Ihren Fotos unkenntlich machen, die Sie für sich behalten wollen: Etwa Autokennzeichen und Hausnummer.

Sodann kopieren Sie Ihre bisherige Textdatei und arbeiten nur noch mit dieser Kopie weiter. Beginnen Sie mit der Erstellung eines aussagefähigen Deckblatts. Auf diesem sollte ein vorteilhaftes Bild Ihrer Hausaußenansicht zu sehen sein, und zwar in großer Abbildung. Kontaktdaten wie Name, Adresse und Telefonnummer gehören hier hin. Auch der Angebotspreis wird auf dieser Seite arrangiert. Experimentieren Sie mit Hintergrundfarben, Schriftarten und Positionen von Bild und Text. Danach binden Sie nacheinander alle bearbeiteten Fotos an den richtigen Stellen im Text ein: Dort, wo Erdgeschoss oder Wohnzimmer beschrieben wird, dort gehört auch ein Foto des Wohnzimmers hin. Wir empfehlen als Bildbreite eine drittel bis halbe Textbreite, so dass der Text schön um die Bilder herumfließen kann, und die Abbildungen durch ihre Größe nicht zu aufdringlich wirken. Also etwa so, wie nebenstehend als Beispiel eingefügt. Wer nicht erfahren ist im Umgang mit modernen Textverarbeitungspro-grammen, der wird an dieser Stelle vermutlich zunächst einige Zeit den Umgang mit der Software üben müssen. Verzweifeln sollten  Sie aber nicht, Übung macht immer den Meister. Bauzeichnungen, Grundrisse und andere Dritt-Unterlagen wie etwa Energieausweise sind idealerweise bereits eingescannt. Dies hat zusätzlich den Vorteil, dass Sie zu jedem Zeitpunkt schnell eine beliebige Anzahl von Kopien ausdrucken können.

In den Text eingefügt werden sie einfach als Grafik, wodurch es auch leicht möglich ist, die Abbildungen zwecks Layoutanpassung zu verschieben oder zu verzerren. Alle Dokumente dieser Art sollten im Exposé jeweils eine eigene DIN A4-Seite erhalten.

Fertigung

Trotz der recht aufwendigen Arbeit bisher haben Sie dennoch nicht mehr als eine elektronische Datei „in Händen", die nun noch in die wirkliche Welt gebracht werden muss. Es fehlen also noch zwei Arbeitsschritte: Erstens Drucken, und zweitens Binden.

GRUNDANFORDERUNGEN AN DIE EXPOSÉ-ERSTELLUNG

1. Kompromisslos saubere, knickfreie und glatte Blätter verwenden.
2. Mindestens ein farbiges Deckblatt, idealerweise auch Farbdruck im Text vorsehen.
3. Alle Blätter werden geheftet oder gebunden zu einer Einheit (keine fliegenden" Blätter).

Auch für diese Fertigungsschritte hilft es sehr – und spart viel Zeit und Kosten – wenn Sie über die entsprechenden Fertigkeiten und Geräte selbst verfügen. Ist dies nicht der Fall, dann hilft ein Copy-Shop natürlich gern. Aber – wir würden empfehlen, diese Arbeitsteilung nur als Notmittel in Betracht zu ziehen. Denken Sie lieber ernsthaft darüber nach, selbst einen Farblaserdrucker und ein Bindegerät zu kaufen, falls Sie keinen(s) besitzen. Es rentiert sich fast immer. Benutzen Sie keinen Tintenstrahldrucker. Diese Geräte der Haushaltsklasse liefern sämtlich auch nur Haushaltsklassenqualität, und die ist NICHT ausreichend für ein erfolgreiches Exposé. Bitte erinnern Sie sich: Der erste Eindruck!

Der Farblaserdruck ist ein „Muss", ebenso wie die vollständige Bindung oder Heftung aller Blätter: Ein Nachreichen von diesem oder jenem Dokument an einen Interessenten darf es zu diesem frühen Zeitpunkt im Verkaufsprozess nicht geben.

Mit steigender Preisklasse der Immobilie sollte auch das Erscheinungsbild und die Qualität des Exposés ansteigen. Neben einem entsprechend angepassten Layout, das ja bereits zu einem früheren Zeitpunkt am Bildschirm festgelegt wird, bestehen hier zusätzliche Möglichkeiten:

Papier: Es wird dann nicht mehr auf billiges 80 gr/m^2 Kopierpapier gedruckt. Beispielsweise kann schwereres, 90 gr/m^2 hochweißes und glatt gewalztes Papier gewählt werden. Falls Sie solches Papier nicht kennen: Es ist teurer als das herkömmliche Kopierpapier (teils erheblich), aber man kann den Unterschied nicht nur sehen, sondern zwischen den Fingern, etwa beim Blättern, sogar spüren.

Bindung: Bei einem durchschnittlichen Einfamilien- oder Reihenhaus ist es oft ausreichend, die Exposé-Blätter mit einfachen Klammern zu heften. Ab einer gewissen Preisklasse, so etwa ab 400.000 Euro Angebotspreis, sollte das zugehörige Exposé nicht nur umfangreicher sein. Es sollte auch professionell gebunden werden, ganz wie eine Broschüre oder ein kleines Buch. Für diesen Zweck gibt es unter anderem Thermobindegeräte. Die Geräte sind auch für Einmalnutzer erschwinglich.

Umschlag: Passende Umschläge und Einfassungen, in verschiedenen Farben, Materialien und Ausführungen, gibt es wie auch die Bindegeräte im gut sortierten Bürofachhandel.

• • •

Auf den folgenden Seiten finden Sie nun die bereits angesprochenen Abschriften zweier erfolgreicher Immobilienexposés. Exposé 1 beschreibt das Angebot eines größeren 2-Familienhauses, Exposé 2 das Angebot eines kleinen Reihenhauses.

Beide Objekte wurden innerhalb von nur 6 Wochen nach Veröffentlichung verkauft. Und in beiden Fällen wurde ein sehr akzeptabler Kaufpreis ohne nennenswerte Abschläge erzielt.

Beachten Sie die unterschiedliche Ausrichtung an verschiedene Käufer-Zielgruppen: Layout, Umfang und Text unterscheiden sich erheblich. Nicht zu sehen sind einige der weiter oben beschriebenen Unterschiede: Während Exposé 2 einfach geheftet war, wurde Exposé 1 professionell gebunden (Heißklebebindung). Der Interessent erhielt eine ordentlich gebundene Kunststoff-Mappe mit Klarsichtdeckel, der das Vollfarbdeckblatt sehen ließ und gleichzeitig schützte. Mit immerhin 18 Seiten Umfang blieben keine Informationswünsche offen.

Exposé 2 wurde auf normales Kopierpapier in Schwarz/Weiß gedruckt, Exposé 1 dagegen auf gutem Papier im Vollfarbdruck gefertigt.

Freistehendes
Traumhaus
Traumlage
direkt am Rhein

Privatverkauf ohne Maklercourtage: ___.000 Euro

Kontakt:

Telefon :
Telefax :

Unangemeldete Besuchstermine
sind nicht erwünscht.

1. Beschreibung Haus

Das große freistehende 2-Familienhaus mit einer Gesamtfläche von fast 300 m^2 ist eine Oase am Rand des Rhein-Main-Gebietes. Es handelt sich um eine der letzten baugenehmigten Immobilien nur 200 Meter von Rheinstränden entfernt (1983). Das Haus wird zur Zeit als großzügiges Einfamilienhaus genutzt. Der 187 m^2 große, vollständig fußbodenbeheizte Wohnbereich im Erdgeschoss und Obergeschoss umfasst neben dem Wohn-/Ess-

zimmer und der Küche weitere sechs Zimmer, zwei Bäder und ein Gäste-WC. Alle Fußböden sind mit hochwertigen, großformatigen Steingut gefliest – vom Untergeschoss über das Erdgeschoss bis einschließlich des Obergeschosses. Verbunden sind die Hausebenen durch eine großzügige Marmortreppe.

Außen im Erdgeschoss umläuft eine 29 m^2 große Balkonterrasse das Haus an zwei Seiten. Sie kann sowohl von Küche als auch vom Wohnzimmer direkt betreten werden.

Das Obergeschoss besitzt einen weiteren 11 m^2 großen Panoramabalkon mit Aussicht auf den Rhein und die gegenüberliegenden Weinberge der bekannten ▒▒▒▒▒▒▒.

Das Anwesen befindet sich in gepflegtem Zustand. Es wurde zwischen 2009 und 2011 sowohl innen als auch außen renoviert. Das Haus kann vollständig eingerichtet wie im folgenden beschrieben übernommen werden. Der Verkauf erfolgt wegen Vorbereitung des Umzugs in die USA.

Erdgeschoss

Über die außenliegende großzügige Graniteingangstreppe betreten Sie die umlaufende Terrasse und befinden sich an der Haupteingangstür im Erdgeschoss/Hochparterre.

Hinter dem hellen Windfang erwartet Sie ein großer Flur. Von hier gelangen Sie in beide Kinderzimmer, das Gäste-WC, das moderne Badezimmer, in die Küche und das wunderbar lichtdurchflutete Wohn-/ Esszimmer. Das Wohnzimmer ist zusätzlich durch eine Verbindungstür direkt mit der Küche verbunden.

Obergeschoss

Die helle Marmortreppe führt vom Windfang aus in das Obergeschoss. Das gesamte obere Stockwerk ist als separate Wohnung konzipiert. Hier finden Sie vier große Schlaf- bzw. Wohnräume sowie ein Badezimmer. Die beiden vorderen Räume besitz-

en je einen Zugang zum großen Balkon des Obergeschosses. Von hier blicken Sie direkt auf den nur 100 Meter entfernten Rhein und die gegenüberliegenden Weinberge.

Obwohl derzeit nicht genutzt, liegen in einem Raum sämtliche erforderlichen Küchenanschlüsse.

Untergeschoss

In den voll ausgebauten, etwa 90 m² großen beheizbaren Tageslichträumen befindet sich die Sauna mit eigener Dusche, ein 44 m² großer Raum, derzeit als Abstellraum genutzt, sowie ein weiterer über 30 m² großer Raum, der als vollständig ausgestattete Mechanikwerkstatt eingerichtet ist: Mit nahezu neuwertiger Drehmaschine, ebenso neuwertiger Fräsmaschine, Bandsäge, Schutzgasschweißgerät, drei Werkbänken und vielem mehr sind die Möglichkeiten hier nahezu unbegrenzt. Auch die Werkstatt kann komplett übernom-

men werden. Zusätzlich befinden sich im Untergeschoss der Heizungsraum mit der effizienten Ölheizung aus dem Jahr 2000 und der Lagerraum für die Heizöltanks.

Garten

Das knapp 600 m² große Grundstück besticht nicht nur durch seine Lage in unmittelbarer Nähe zum Rhein und seiner sehr ruhigen Umgebung ohne Durchgangsverkehr. Der professionell angelegte Garten bezaubert zu jeder Jahreszeit und ist gleichzeitig

pflegeleicht. Hier am Weinbau-Rheinufer ist es stets ein paar Grad wärmer als in Frankfurt, so dass im Vorgarten sogar ganzjährig außenstehende Hanfpalmen und Palmlilien die Liegewiese umschließen. Das Gartenjahr wird bereits früh durch die mehr als 1000 Zwiebelblumen eingeleitet. Genießen Sie im Frühsommer den Rosengarten mit vielen historischen Rosensorten. Pflü-

cken Sie Salatkräuter an der Kräuterspirale. Machen Sie eine Pause im Bambusgarten – und schauen Sie dem Wachstum der 12 verschiedenen Bambusarten zu: 30 cm Wachstum je Tag an Jungtrieben sind immer ein

Erlebnis, sogar für Garten-Uninteressierte. Der „Weiße Weg" ist in dezentem weiß und hellgelb bepflanzt, hier gedeihen auch große Farne wunderbar. Der Weg führt zur hinteren Liegewiese an einem kleinen Teich und zum Garten- häuschen. Bewässert wird der Garten kostenfrei aus dem eigenen Brunnen mit elektrischem Pumpwerk.

Fahrzeuge

Auf dem Grundstück befin- den sich zwei Garagen ohne innere Trennwand, so dass zwei eingestellte Fahrzeuge direkt und frei erreichbar sind. Vor beiden Garagen sowie im Vorhof kann eben- falls je ein PKW abgestellt werden, so dass insgesamt  fünf bis sechs Fahrzeuge auf dem privaten Grundstück geparkt werden können. Die Fläche unter der Erdgeschoss-Balkonterrasse ist als Motorrad- und Fahrradüberdachung konzipiert. Hier finden rund 8-10 Fahrzeuge wettergeschützten Platz. Zusätzlich befinden sich vor dem Grundstück im öffentlichen Raum mehr als ausreichend Parkmöglichkeiten.

1	Zimmeranzahl	7
2	Hausgesamtfläche, zuzüglich Dachboden	283 m^2
3	Wohnfläche insgesamt	187 m^2
4	Untergeschoss, Fläche	96 m^2
5	Grundstücksfläche	570 m^2
6	Geschossverbindung	Marmortreppe
7	Balkon/Terrasse	2
8	Heizenergie	Heizöl
9	Heizungsart	Fußboden-, Zentral-, Öl
10	Innen- und außenrenoviert	Ja
11	Voll ausgestattete Mechanik-Werkstatt	Ja
12	Zusätzlicher Dachboden als Stauraum	Ja
13	Sauna mit zusätzlicher Dusche	Ja
14	Doppelgarage ohne Trennwand	Ja
15	Eigener Wasserbrunnen	Ja
16	Kann vollständig oder teilweise eingerichtet /möbliert übernommen werden	Ja
17	Tageslicht-Untergeschoss (Keller) beheizbar	Ja

4. Lage

[   ] ist ein kleiner Ortsteil von [   ] und besteht aus nur wenigen Häusern. Er gehört zum Naherholungsgebiet am Rhein in [   ] und ist umgeben von Badeseen, Rheinstränden und Kornfeldern. In der kleinen Nachbarschaft wohnen alle Generationen, vom Kleinkind bis zum Rentner. Man kennt sich, man hilft sich – und wahrt die Privatsphäre.

Sie leben im Rhein-Main-Gebiet, mitten im Grünen, und am Wasser: Von der Hausterrasse aus können Sie die Rheinschiffe sehen, und zum Rheinufer, zur Fähre oder zum Uferrestaurant spazieren Sie in einer Minute.

Freizeitmöglichkeiten gibt es demzufolge sehr viele: Laufen Sie zu einem der Rheinstrände, Badeseen oder zum Angeln. Joggen Sie von der Haustüre in die umliegenden Felder,. Wandern Sie durch die Weinberge, oder genießen Sie wunderbare Sonnenuntergänge [   ]. In unmittelbarer Nähe, überwiegend nur wenige Geh- oder Fahrradminuten entfernt, liegen Bade- und Angelseen, Reiterhöfe, Restaurants sowie ein Surf-Club und

Bootsanlagen. Und nur 2 km Luftlinie entfernt befindet sich der
███████████████████████████████.

Einkaufen: Einkaufsmöglichkeiten sind reichlich vorhanden in ████████,
██████ und ███████, alle bekannten Supermarktketten befinden sich in
Reichweite. Bei Interesse können Sie auch im Nachbarort ████████ direkt
beim Bauern einkaufen.

Kindergärten und Schulen: Mehrere Kindergärten und die Grundschule
befinden sich in ██████████, weiterführende Schulen in █████. Das Gym-
nasium ████████████████████.

Die Verkehrsanbindung ist gut. Die Fahrzeit nach █████████████████
██.

Bushaltestelle und Bahnhof: Die Schul- und Linienbushaltestelle befindet
sich 100 Meter nahe am Haus - ohne dass der Bus am Grundstück
vorbeifährt. Und der Bahnhof ████████ ist ebenfalls leicht in 5 Minuten
Fußweg zu erreichen – █████████████████
██████████.

Sie leben hier.

Hier befindet sich
ein genauer Lagekartenausschnitt,
den der Verkäufer
nicht dargestellt haben möchte.

5. Grundrisse

- Nicht maßstabsgerecht -

a) Erdgeschoss

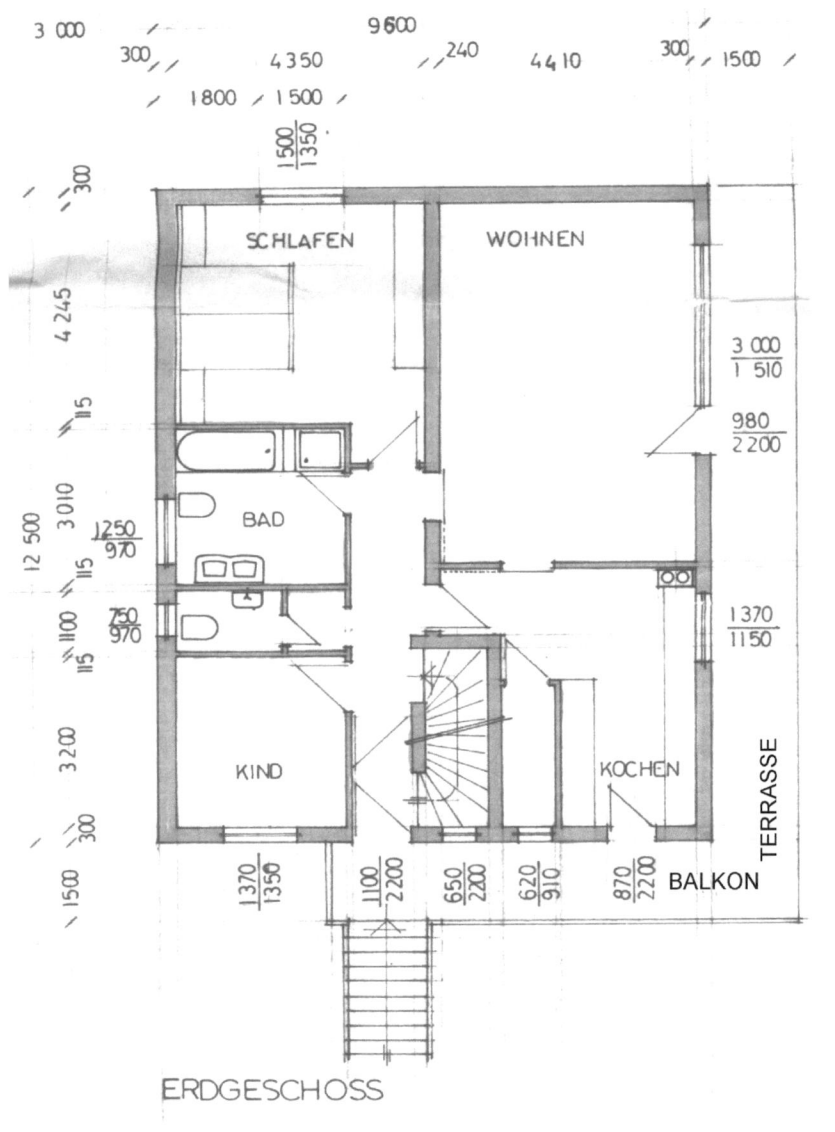

ERDGESCHOSS

b) Obergeschoss

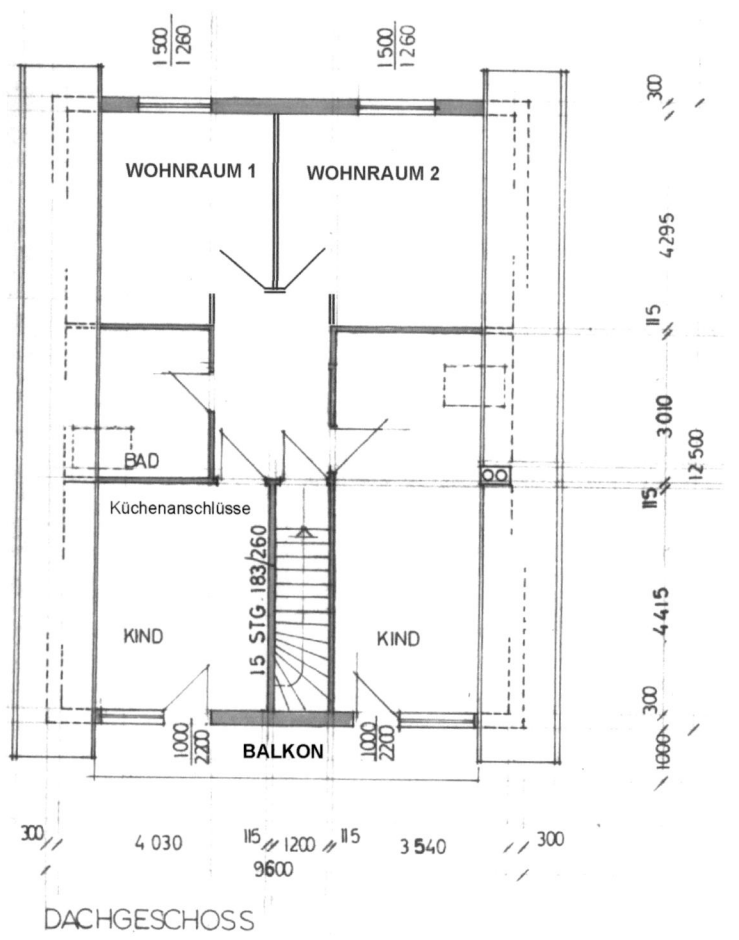

DACHGESCHOSS

c) Untergeschoss

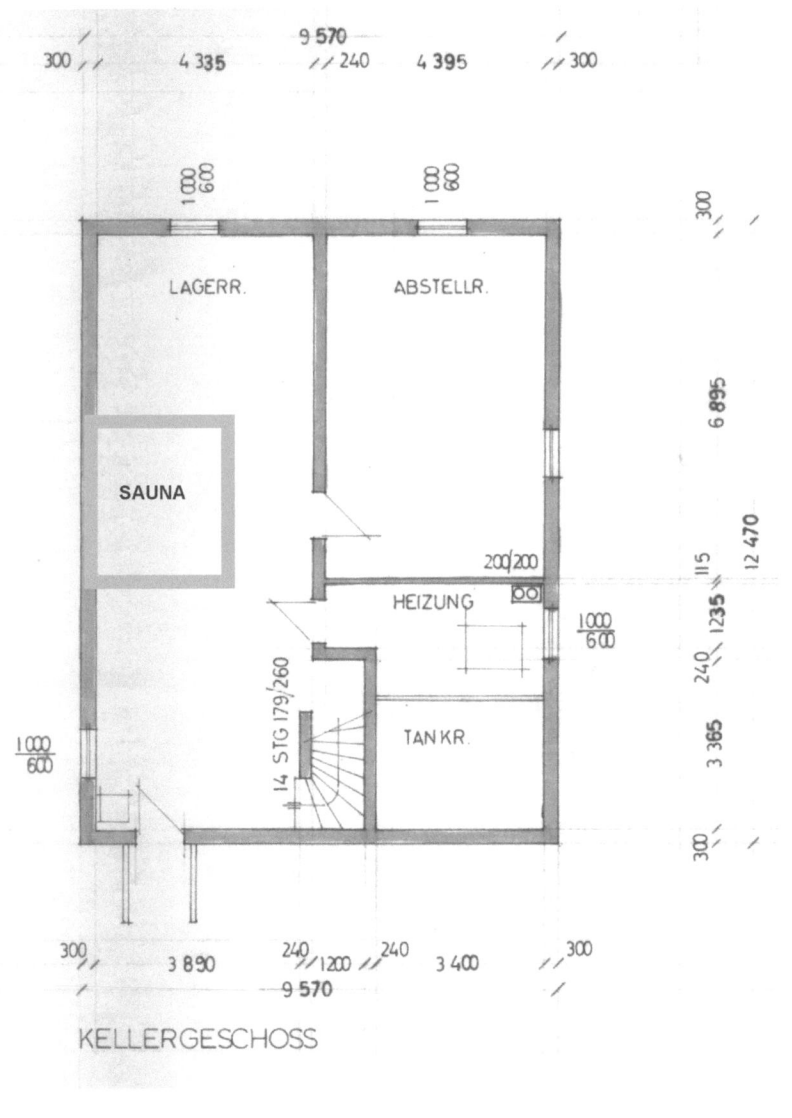

d) Querschnitt von vorn

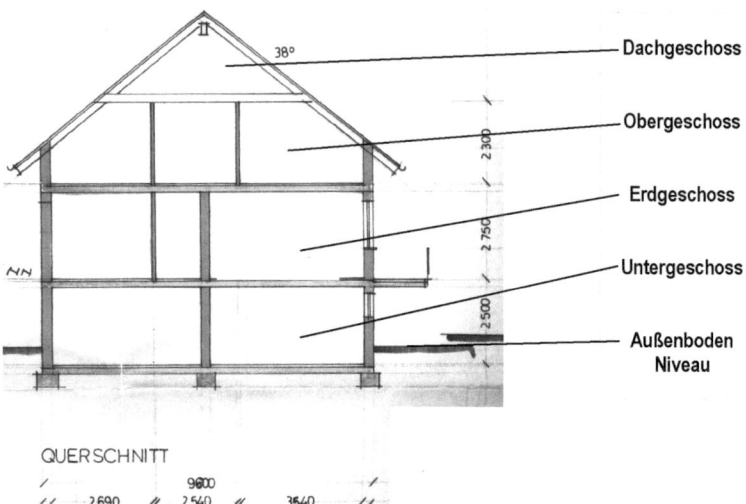

38°

Dachgeschoss

Obergeschoss

Erdgeschoss

Untergeschoss

Außenboden
Niveau

QUERSCHNITT

300 2690 115 2540 115 3540 300

9800

e) Doppelgarage

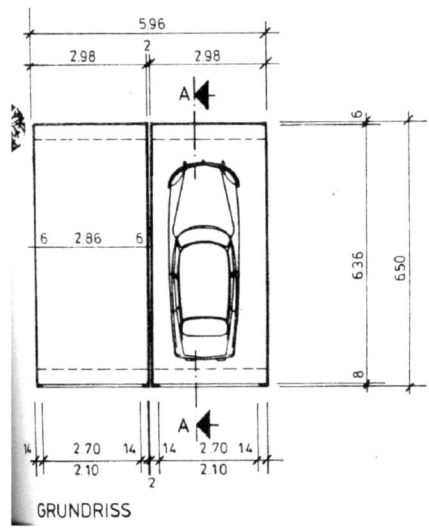

GRUNDRISS

ENERGIEAUSWEIS für Wohngebäude
gemäß den §§ 16 ff. Energieeinsparverordnung (EnEV)

Gültig bis: ①

Gebäude

Gebäudetyp	Zweifamilienhaus	
Adresse		
Gebäudeteil	Gesamtgebäude	
Baujahr Gebäude	1983	Gebäudefoto (freiwillig)
Baujahr Anlagentechnik[1]	2000	
Anzahl Wohnungen	2	
Gebäudenutzfläche (A_N)	224 m²	
Erneuerbare Energien	Keine Nutzung	
Lüftung	Fensterlüftung	
Anlass der Ausstellung des Energieausweises	☐ Neubau ☐ Modernisierung ☒ Sonstiges (freiwillig) ☒ Vermietung/Verkauf (Änderung/Erweiterung)	

Hinweise zu den Angaben über die energetische Qualität des Gebäudes

Die energetische Qualität eines Gebäudes kann durch die Berechnung des Energiebedarfs unter standardisierten Randbedingungen oder durch die Auswertung des Energieverbrauchs ermittelt werden. Als Bezugsfläche dient die energetische Gebäudenutzfläche nach der EnEV, die sich in der Regel von den allgemeinen Wohnflächenangaben unterscheidet. Die angegebenen Vergleichswerte sollen überschlägige Vergleiche ermöglichen (Erläuterungen – siehe Seite 4).

☐ Der Energieausweis wurde auf der Grundlage von Berechnungen des Energiebedarfs erstellt. Die Ergebnisse sind auf Seite 2 dargestellt. Zusätzliche Informationen zum Verbrauch sind freiwillig.

☒ Der Energieausweis wurde auf der Grundlage von Auswertungen des Energieverbrauchs erstellt. Die Ergebnisse sind auf Seite 3 dargestellt.

Datenerhebung Bedarf/Verbrauch durch: ☒ Eigentümer   ☐ Aussteller

☐ Dem Energieausweis sind zusätzliche Informationen zur energetischen Qualität beigefügt (freiwillige Angabe).

Hinweise zur Verwendung des Energieausweises

Der Energieausweis dient lediglich der Information. Die Angaben im Energieausweis beziehen sich auf das gesamte Wohngebäude oder den oben bezeichneten Gebäudeteil. Der Energieausweis ist lediglich dafür gedacht, einen überschlägigen Vergleich von Gebäuden zu ermöglichen.

Aussteller

ENERGIEAUSWEIS für Wohngebäude
gemäß den §§ 16 ff. Energieeinsparverordnung (EnEV)

Erfasster Energieverbrauch des Gebäudes

Energieverbrauchskennwert

Dieses Gebäude

74 kWh/(m²·a)

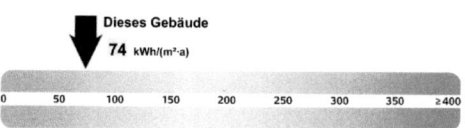

| 0 | 50 | 100 | 150 | 200 | 250 | 300 | 350 | ≥400 |

Energieverbrauch für Warmwasser: ☐ enthalten ☒ nicht enthalten

☐ Das Gebäude wird auch gekühlt; der typische Energieverbrauch für Kühlung beträgt bei zeitgemäßen Geräten etwa 6 kWh je m² Gebäudenutzfläche und Jahr und ist im Energieverbrauchskennwert nicht enthalten.

Verbrauchserfassung – Heizung und Warmwasser

Energieträger	Zeitraum		Energie-verbrauch [kWh]	Anteil Warmwasser [kWh]	Klima-faktor	Energieverbrauchskennwert in kWh/(m²·a) (zeitlich bereinigt, klimabereinigt)		
	von	bis				Heizung	Warmwasser	Kennwert
Heizöl EL	01.07.2008	30.06.2009	11.200	0	1,17	58,4	0,0	58,4
Heizöl EL	01.07.2009	30.06.2010	15.800	0	1,17	82,4	0,0	82,4
Heizöl EL	01.07.2010	30.06.2011	14.600	0	1,23	80,0	0,0	80,0

Durchschnitt **73,6**

Vergleichswerte Endenergiebedarf

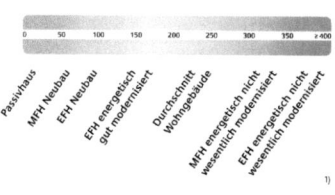

Die modellhaft ermittelten Vergleichswerte beziehen sich auf Gebäude, in denen die Wärme für Heizung und Warmwasser durch Heizkessel im Gebäude bereitgestellt wird.

Soll ein Energieverbrauchskennwert verglichen werden, der keinen Warmwasseranteil enthält, ist zu beachten, dass auf die Warmwasserbereitung je nach Gebäudegröße 20 – 40 kWh/(m²·a) entfallen können.

Soll ein Energieverbrauchskennwert eines mit Fern- oder Nahwärme beheizten Gebäudes verglichen werden, ist zu beachten, dass hier normalerweise ein um 15 – 30 % geringerer Energieverbrauch als bei vergleichbaren Gebäuden mit Kesselheizung zu erwarten ist.

Erläuterungen zum Verfahren

Das Verfahren zur Ermittlung von Energieverbrauchskennwerten ist durch die Energieeinsparverordnung vorgegeben. Die Werte sind spezifische Werte pro Quadratmeter Gebäudenutzfläche (A_N) nach Energieeinsparverordnung. Der tatsächliche Verbrauch einer Wohnung oder eines Gebäudes weicht insbesondere wegen des Witterungseinflusses und sich ändernden Nutzerverhaltens vom angegebenen Energieverbrauchskennwert ab.

1) EFH: Einfamilienhäuser, MFH: Mehrfamilienhäuser

ENERGIEAUSWEIS für Wohngebäude

gemäß den §§ 16 ff. Energieeinsparverordnung (EnEV)

Erläuterungen

Energiebedarf – Seite 2
Der Energiebedarf wird in diesem Energieausweis durch den Jahres-Primärenergiebedarf und den Endenergiebedarf dargestellt. Diese Angaben werden rechnerisch ermittelt. Die angegebenen Werte werden auf der Grundlage der Bauunterlagen bzw. gebäudebezogener Daten und unter Annahme von standardisierten Randbedingungen (z. B. standardisierte Klimadaten, definiertes Nutzerverhalten, standardisierte Innentemperatur und innere Wärmegewinne usw.) berechnet. So lässt sich die energetische Qualität des Gebäudes unabhängig vom Nutzerverhalten und der Wetterlage beurteilen. Insbesondere wegen standardisierter Randbedingungen erlauben die angegebenen Werte keine Rückschlüsse auf den tatsächlichen Energieverbrauch.

Primärenergiebedarf – Seite 2
Der Primärenergiebedarf bildet die Gesamtenergieeffizienz eines Gebäudes ab. Er berücksichtigt neben der Endenergie auch die so genannte „Vorkette" (Erkundung, Gewinnung, Verteilung, Umwandlung) der jeweils eingesetzten Energieträger (z. B. Heizöl, Gas, Strom, erneuerbare Energien etc.). Kleine Werte signalisieren einen geringen Bedarf und damit eine hohe Energieeffizienz und eine die Ressourcen und die Umwelt schonende Energienutzung. Zusätzlich können die mit dem Energiebedarf verbundenen CO_2-Emissionen des Gebäudes freiwillig angegeben werden.

Energetische Qualität der Gebäudehülle – Seite 2
Angegeben ist der spezifische, auf die wärmeübertragende Umfassungsfläche bezogene Transmissionswärmeverlust (Formelzeichen in der EnEV H'$_T$). Er ist ein Maß für die durchschnittliche energetische Qualität aller wärmeübertragenden Umfassungsflächen (Außenwände, Decken, Fenster etc.) eines Gebäudes. Kleine Werte signalisieren einen guten baulichen Wärmeschutz. Außerdem stellt die EnEV Anforderungen an den sommerlichen Wärmeschutz (Schutz vor Überhitzung) eines Gebäudes.

Endenergiebedarf – Seite 2
Der Endenergiebedarf gibt die nach technischen Regeln berechnete, jährlich benötigte Energiemenge für Heizung, Lüftung und Warmwasserbereitung an. Er wird unter Standardklima- und Standardnutzungsbedingungen errechnet und ist ein Maß für die Energieeffizienz eines Gebäudes und seiner Anlagentechnik. Der Endenergiebedarf ist die Energiemenge, die dem Gebäude bei standardisierten Bedingungen unter Berücksichtigung der Energieverluste zugeführt werden muss, damit die standardisierte Innentemperatur, der Warmwasserbedarf und die notwendige Lüftung sichergestellt werden können. Kleine Werte signalisieren einen geringen Bedarf und damit eine hohe Energieeffizienz.
Die Vergleichswerte für den Energiebedarf sind modellhaft ermittelte Werte und sollen Anhaltspunkte für grobe Vergleiche der Werte dieses Gebäudes mit den Vergleichswerten ermöglichen. Es sind ungefähre Bereiche angegeben, in denen die Werte für die einzelnen Vergleichskategorien liegen. Im Einzelfall können diese Werte auch außerhalb der angegebenen Bereiche liegen.

Energieverbrauchskennwert – Seite 3
Der ausgewiesene Energieverbrauchskennwert wird für das Gebäude auf der Basis der Abrechnung von Heiz- und ggf. Warmwasserkosten nach der Heizkostenverordnung und/oder auf Grund anderer geeigneter Verbrauchsdaten ermittelt. Dabei werden die Energieverbrauchsdaten des gesamten Gebäudes und nicht der einzelnen Wohn- oder Nutzeinheiten zugrunde gelegt. Über Klimafaktoren wird der erfasste Energieverbrauch für die Heizung hinsichtlich der konkreten örtlichen Wetterdaten auf einen deutschlandweiten Mittelwert umgerechnet. So führen beispielsweise hohe Verbräuche in einem einzelnen harten Winter nicht zu einer schlechteren Beurteilung des Gebäudes. Der Energieverbrauchskennwert gibt Hinweise auf die energetische Qualität des Gebäudes und seiner Heizungsanlage. Kleine Werte signalisieren einen geringen Verbrauch. Ein Rückschluss auf den künftig zu erwartenden Verbrauch ist jedoch nicht möglich; insbesondere können die Verbrauchsdaten einzelner Wohneinheiten stark differieren, weil sie von deren Lage im Gebäude, von der jeweiligen Nutzung und vom individuellen Verhalten abhängen.

Gemischt genutzte Gebäude
Für Energieausweise bei gemischt genutzten Gebäuden enthält die Energieeinsparverordnung besondere Vorgaben. Danach sind – je nach Fallgestaltung – entweder ein gemeinsamer Energieausweis für alle Nutzungen oder zwei getrennte Energieausweise für Wohnungen und die übrigen Nutzungen auszustellen; dies ist auf Seite 1 der Ausweise erkennbar (ggf. Angabe „Gebäudeteil").

Modernisierungsempfehlungen zum Energieausweis
gemäß § 20 Energieeinsparverordnung (EnEV)

Gebäude

Adresse/ Gebäudeteil		Hauptnutzung/ Gebäudekategorie	Zweifamilienhaus

Empfehlungen zur kostengünstigen Modernisierung

Maßnahmen zur kostengünstigen Verbesserung der Energieeffizienz	☒ sind möglich ☐ sind nicht möglich

Empfohlene Modernisierungsmaßnahmen

Nr.	Bau- oder Anlagenteile	Maßnahmenbeschreibung
1	Warmwasseraufbereitung	Anschluss an die Zentralheizung
2	Warmwasseraufbereitung	Einbau einer thermischen Brauchwassersolaranlage

☐ Weitere Empfehlungen auf gesondertem Blatt

Hinweis: Modernisierungsempfehlungen für das Gebäude dienen lediglich der Information. Sie sind nur kurz gefasste Hinweise und kein Ersatz für eine Energieberatung.

Beispielhafter Variantenvergleich (Angaben freiwillig)

	Ist-Zustand	Modernisierungsvariante 1	Modernisierungsvariante 2
Modernisierung gemäß Nummern:			
Primärenergiebedarf [kWh/(m²·a)]			
Einsparung gegenüber Ist-Zustand [%]			
Endenergiebedarf [kWh/(m²·a)]			
Einsparung gegenüber Ist-Zustand [%]			
CO_2-Emissionen [kg/(m²·a)]			
Einsparung gegenüber Ist-Zustand [%]			

Aussteller

7. Ihre Notizen

Muster - Exposé 2

Angebot:

REIHENHAUS – Ort –

Privatverkauf ohne Maklercourtage
Euro 229.000,-

Anschrift

Kontakt   Tel.

Email:

1. Beschreibung

Im Erdgeschoss dieses Reihenhauses befindet sich das gemütliche Wohn-/Esszimmer mit großzügigem Durchgang zur Küche. Im Wohnbereich liegt Buche-Parkettboden; Küche wie auch der Flur und das Gäste-WC sind gefliest.

An den Wohnbereich schließt die Terrasse an, die in den liebevoll angelegten Garten mit historischen Rosen, kleinem Teich, Kräuterspirale und Fahrradabstellplatz mit Schuppen führt. Durch das abschließbare Gartentor kann auch von hinten in das Grundstück eingetreten werden.

In den 1. Stock des Hauses gelangt man über die Buche-Treppe. Hier befinden sich 2 weitere Zimmer, eines davon mit verglastem Balkon, sowie das Bade-zimmer.

Im Dachstudio befindet sich ein weiteres geräumiges Wohn-/Schlaf-zimmer. Dieser Teil des Hauses wurde vor erst 5 Jahren mit neuer Buche-Treppe und Velux-Dachfenstern ausgebaut.

Im ausgebauten Keller befinden sich noch 2 weitere Räume für Wasch- und Lagermöglichkeiten.

Das Haus befindet sich in einem gepflegten Zustand und wurde zuletzt 2003 komplett renoviert. Aufgrund der durchgeführten Dämm- und Isoliermaßnahmen konnte im letzten Jahr – trotz steigender Energiepreise – eine beträchtliche Rückzahlung verbucht werden. Die freiprogrammierbare Buderus-Gas-Zentral-Heizung erzielt lt. Schornsteinfeger Bestwerte im Verbrauchs- und Abgasverhalten.

2. Aufstellung der monatlichen Nebenkosten

	Monat
Entega Gas und Wasser	**113,00 €**
Flexstrom	**51,29 €**
Kommunalabgaben	**1,38 €**
Schmutzwasser	**11,25 €**
Oberflächenentwässerung	**2,56 €**
Müllabfuhr	**16,36 €**
Grundsteuer	**9,84 €**
Summe pro Monat	**205,68 €**

Die Summe aller Nebenkosten beträgt pro Monat nur 205,68 €.

3. Grundrisse

Grundriss Erdgeschoss

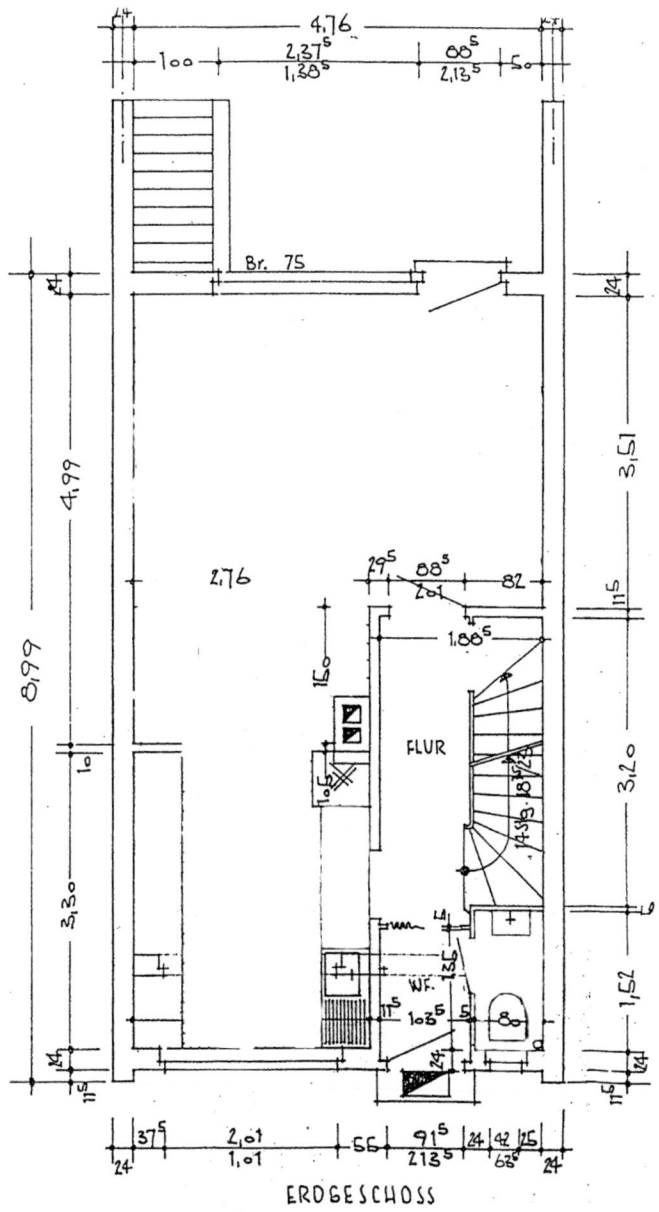

ERDGESCHOSS

Grundriss 1. Obergeschoss

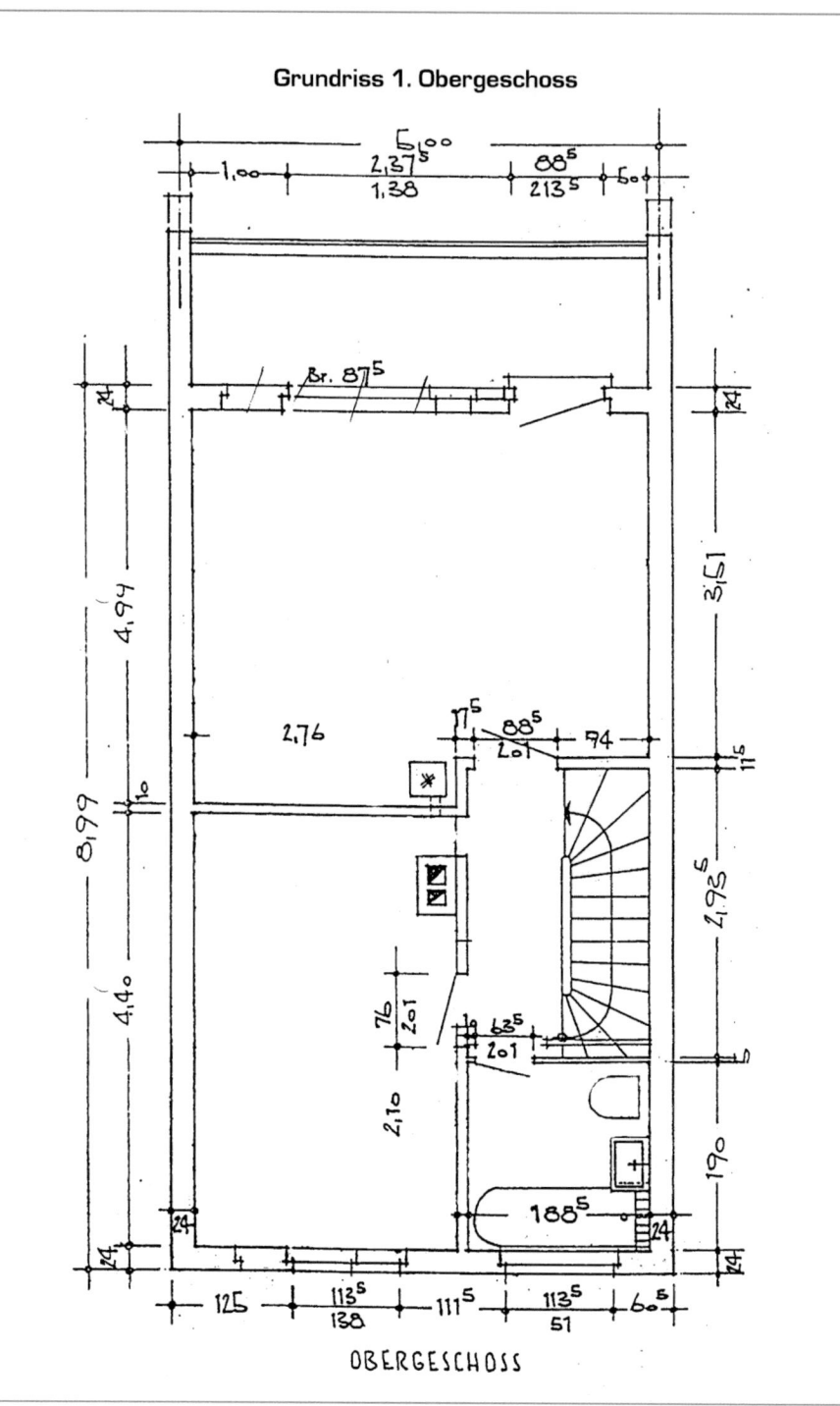

OBERGESCHOSS

4. Energieausweis

ENERGIEAUSWEIS für Wohngebäude

gemäß den §§ 16 ff. Energieeinsparverordnung (EnEV)

Gültig bis: 30.09.2018

①

Gebäude

Gebäudetyp	Reihenmittelhaus	
Adresse	▬▬▬▬▬▬▬▬▬▬	
Gebäudeteil	Hauptgebäude	**Gebäudefoto (freiwillig)**
Baujahr Gebäude	1957	
Baujahr Anlagentechnik	1997	
Anzahl Wohnungen	1	
Gebäudenutzfläche (A$_N$)	120.0 m²	

Anlass der Ausstellung des Energieausweises	☐ Neubau ☐ Vermietung / Verkauf	✓ Modernisierung (Änderung / Erweiterung)	☐ Sonstiges (freiwillig)

Hinweise zu den Angaben über die energetische Qualität des Gebäudes

Die energetische Qualität eines Gebäudes kann durch die Berechnung des **Energiebedarfs** unter standardisierten Randbedingungen oder durch die Auswertung des **Energieverbrauchs** ermittelt werden. Als Bezugsfläche dient die energetische Gebäudenutzfläche nach der EnEV, die sich in der Regel von den allgemeinen Wohnflächenangaben unterscheidet. Die angegebenen Vergleichswerte sollen überschlägige Vergleiche ermöglichen (**Erläuterungen – siehe Seite 4**).

☐ Der Energieausweis wurde auf der Grundlage von Berechnungen des **Energiebedarfs** erstellt. Die Ergebnisse sind auf **Seite 2** dargestellt. Zusätzliche Informationen zum Verbrauch sind freiwillig.

✓ Der Energieausweis wurde auf der Grundlage von Auswertungen des **Energieverbrauchs** erstellt. Die Ergebnisse sind auf **Seite 3** dargestellt.

Datenerhebung Bedarf/Verbrauch durch   ✓ Eigentümer   ☐ Aussteller

☐ Dem Energieausweis sind zusätzliche Informationen zur energetischen Qualität beigefügt (freiwillige Angabe).

Hinweise zur Verwendung des Energieausweises

Der Energieausweis dient lediglich der Information. Die Angaben im Energieausweis beziehen sich auf das gesamte Wohngebäude oder den oben bezeichneten Gebäudeteil. Der Energieausweis ist lediglich dafür gedacht, einen überschlägigen Vergleich von Gebäuden zu ermöglichen.

Aussteller

ENERGIEAUSWEIS für Wohngebäude

gemäß den §§ 16 ff. Energieeinsparverordnung (EnEV)

Erfasster Energieverbrauch des Gebäudes ③

Energieverbrauchskennwert

Dieses Gebäude:

⬇ 171.9 kWh/(m²a)

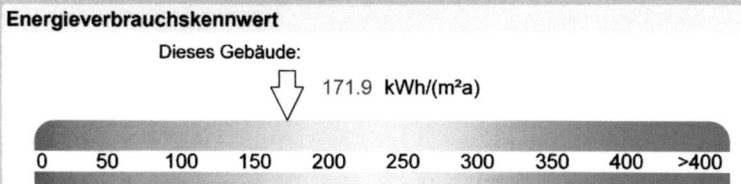

Energieverbrauch für Warmwasser: ☑ enthalten ☐ nicht enthalten

☐ Das Gebäude wird auch gekühlt; der typische Energieverbrauch für Kühlung beträgt bei zeitgemäßen Geräten etwa 6 kWh je m² Gebäudenutzfläche und Jahr und ist im Energieverbrauchskennwert nicht enthalten.

Verbrauchserfassung – Heizung und Warmwasser

Energieträger	Abrechnungszeitraum		Brennstoff-menge [kWh]	Anteil Warm-wasser [kWh]	Klima-faktor	Energieverbrauchskennwert in kWh/(m²·a) (zeitlich bereinigt, klimabereinigt)		
	von	bis				Heizung	Warmwasser	Kennwert
Erdgas H	01.04.05	31.03.06	22030	3965	1.16	174.6	33.0	207.7
Erdgas H	01.04.06	31.03.07	16500	2970	1.50	169.1	24.7	193.9
Erdgas H	01.04.07	31.03.08	11000	1980	1.30	97.7	16.5	114.2
	---	---	---	---	---	---	---	---
							Durchschnitt	171.9

Vergleichswerte Endenergiebedarf

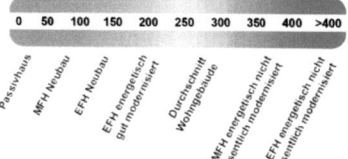

Die modellhaft ermittelten Vergleichswerte beziehen sich auf Gebäude, in denen die Wärme für Heizung und Warmwasser durch Heizkessel im Gebäude bereitgestellt wird.
Soll ein Energieverbrauchskennwert verglichen werden, der keinen Warmwasseranteil enthält, ist zu beachten, dass auf die Warmwasserbereitung je nach Gebäudegröße 20 – 40 kWh/(m²·a) entfallen können.
Soll ein Energieverbrauchskennwert eines mit Fern- oder Nahwärme beheizten Gebäudes verglichen werden, ist zu beachten, dass hier normalerweise ein um 15 – 30 % geringerer Energieverbrauch als bei vergleichbaren Gebäuden mit Kesselheizung zu erwarten ist.

Erläuterungen zum Verfahren

Das Verfahren zur Ermittlung von Energieverbrauchskennwerten ist durch die Energieeinsparverordnung vorgegeben. Die Werte sind spezifische Werte pro Quadratmeter Gebäudenutzfläche (A_N) nach Energieeinsparverordnung. Der tatsächliche Verbrauch einer Wohnung oder eines Gebäudes weicht insbesondere wegen des Witterungseinflusses und sich ändernden Nutzerverhaltens vom angegebenen Energieverbrauchskennwert ab.

* EFH – Einfamilienhäuser, MFH – Mehrfamilienhäuser

Unsere BESTSELLER und NEUHEITEN

Allein gelassen ? Die Exliebe wiedergewinnen

Wenn die Liebe zur Tür hinaus ist und alles nach lebenslangem Novemberwetter ausschaut, dann regiert die Sehnsucht pur: So schön wäre es, wieder von ihm/ihr in den Arm genommen zu werden. Dieser Ratgeber liefert Ihnen eine ausführliche Schritt-für-Schritt Anleitung für Ihren möglichen Anfang vom Happy-End: Leicht verständlich sind mehrere Psychologieprinzipien zusammengefaßt, um Ihrer Ex-Liebe das „Ex" sanft aus der Hand zu nehmen. 4. Auflage 2010 · 12 x 19 cm · Euro 7,90 · ISBN 978-3-8311-1825-0. Auch in 2 erw. Ausg. erhältl., siehe nächste Seite.

Mein erster Oldtimer · Youngtimer

Die wichtigsten Tips und Tricks für Erstkäufer. *Der* Oldtimer-Ratgeber mit den wichtigsten Kauf-Tips & -Tricks, für jeden leicht verständlich: Weil ohne Know-How ein Oldtimerkauf häufig zu Verlust und Ärger führt – immerhin geht es um Investitionen von mehreren Monatsgehältern – erfahren Sie direkt vom Diplom-Ingenieur: Welche Anzeigen Sie besser nicht anrufen. Wie Sie geschickt mit dem Verkäufer umgehen. Wie Sie teure Mängel am Fahrzeug erkennen. 2011 · DIN A5 · Euro 9,95 · ISBN 978-3-8391-8731-9

Wegziehen in die USA

Das Wichtigste zu Visa, Wohnung, Arbeit, Auto, Finanzen. Die USA sind Top-Einwanderungsziel unserer Erde. Dieser Ratgeber ist Ihre Basis für den ersten Schritt in das Land der unbegrenzten Möglichkeiten. Über die wichtigsten Fragen zu US-Visaarten, Kauf/Miete von Wohnung/Haus, Stellensuche, Selbständigkeit, Autokauf und Finanzen werden Sie direkt aus der Praxis informiert. Erhältlich in 2 Ausgaben: **A** 2. akt. Aufl. 2010 · DIN A5 · Euro 7,95 · ISBN 978-3-8311-4048-0, **B** Mit zusätzl. Tabellen & Abbildungen: 2011 · DIN A5 · Euro 11,90 · ISBN 978-3-8391-6149-4

Deutscher Patentschutz für 40 Euro

Wie Ihre kleinen Ideen & Erfindungen großes Geld verdienen. Irgendwann hat jeder eine gute Produktidee. Gelderfolg stellt sich trotzdem nur selten ein, weil das wertvolle geistige Eigentum nicht geschützt wird: „Zu kompliziert, zu teuer" lautet meist die Begründung. Dabei ist amtl. deut. Patentschutz bereits für 40 Euro erhältlich: Bis zu 10 Jahre lang, und ohne Anwaltszwang. Hier wird das offizielle Patentamtsverfahren samt seinem einfachen Antrag leichtverständlich vorgestellt. **A** 2. akt. Auflage 2009 · DIN A5 · Euro 7,95 · ISBN 978-3-8334-2638-4. **B** Auch als englische Ausgabe erhältlich: ISBN 978-3-8334-9494-9

Allein gelassen? Die Exliebe wiedergewinnen...

und zusammenbleiben! Zusätzlich zur ausführlichen Schritt-für-Schritt Anleitung im Titel „Allein gelassen ? Die Exliebe wiedergewinnen" erfahren Sie hier mehr als 25 konkrete Einzelratschläge, um aus Ihrer wiederhergestellten Beziehung eine dauernde Partnerschaft und ein glückliches Leben zu zweit zu machen. **A** 3. Auflage 2010 · 12 x 19 cm · Euro 11,90 · ISBN 978-3-8330-0692-0 **B** „Allein gelassen? Die Exliebe wiedergewinnen...und die 10 wichtigsten Tips zum zusammenbleiben" 2008 · Euro 9,90 · ISBN 978-3-8370-6876-4

Ein gebrauchtes Auto kaufen

Die wichtigsten Tips & Tricks für Nicht-Techniker. Auf dem Privatmarkt finden sich häufig günstigere und bessere Gebrauchtfahrzeuge als beim Händler – wenn man sich nur ein wenig auskennt. Und das sollte man, geht es doch meist um Preise in der Höhe von mehreren Monatsgehältern. Doch wie finden sich die guten Auto-Angebote unter den zahlreichen fragwürdigen? Hier erfährt der Leser wichtige Tips & Tricks zum Geldsparen vom Diplom-Ingenieur: 1. Welche Anzeigen Sie besser nicht anrufen. 2. Wie Sie geschickt mit dem Verkäufer umgehen. 3. Wie Sie versteckte Mängel entdecken. 2. akt. Auflage 2010 · DIN A5 · Euro 7,95 · ISBN 978-3-8334-9079-8

Auswandern. Die wichtigsten Schritte

Wer hat nicht schon einmal daran gedacht, oder geträumt: In einem anderen Land leben, regelmäßig für einige Monate oder gleich ganz. Tropisches Meer oder alpine Berge genießen. Freier und freundlicher seine Tage verbringen, vielleicht sogar kostengünstiger. Doch wie geht das überhaupt – Auswandern ? In diesem Ratgeber werden die wichtigsten Schritte einer jeden Auswanderung beschrieben: Was sind die Grundvoraussetzungen ? Wie wird Abreise und Ankunft geschickt vorbereitet ? Und was müssen die ersten Schritte im Wunschland sein ? 2010 · DIN A5 · Euro 8,95 · ISBN 978-3-8391-2273-0

Gemeinsames Sorgerecht. Was Mütter wissen sollten

Gemeinsames Sorgerecht für die Kinder nach der Trennung ist die Regel, Verantwortung beider Eltern ist das Ziel. Doch wie sieht die Realität der meisten Mütter wirklich aus? Wenn der Vater seinen Pflichten nicht nachkommt, seine Rechte gar mißbraucht, dann kann jeder Mama-Alltag schnell zum Alptraum werden. Die Autorin berichtet aus der aktuellen Praxis, einschließlich juristischer Grundlagen und Tips für einen lebenswerten Alltag. 1. Ausgabe 2011 · DIN A5 · Euro 8,95 · ISBN 978-3-8423-1930-1

Männer zum Heiraten verführen

Heiraten – für viele Frauen das romantischste Ziel einer guten Partnerschaft auf ihrem Weg zur besten. Doch falls „der Beste von allen" noch nicht so recht überzeugt ist, oder die Beziehung noch etwas Feinschliff benötigt, dann hilft dieser Ratgeber der modernen Frau. In 40 Einzelpunkten erfährt die Leserin leicht verständliches und einfach anzuwendendes psychologisches Wissen, um in seinem Kopf die Hochzeitsgedanken hüpfen zu lassen. 2. akt. Auflage 2011 · 12 x 19 cm · Euro 9,95 · ISBN 978-3-8311-4235-4

33 verblüffende Auto-Geheimnisse

Autos begleiten uns täglich durch das Leben. Doch nur wenige Menschen ahnen, wieviele verblüffenden und skurrilen Geheimnisse die erfolgreichste Maschine der Erde verbirgt. Wie die „James Bond Wende" wirklich funktioniert, warum es Solarzellenantrieb-Autos niemals geben wird und vieles weitere: Hier lesen Sie 33 der erstaunlichsten und unbekannten Tatsachen rund um das Auto. Manche werden Ihren Fahreralltag sofort verbessern, andere sind gut zu wissen für den Fall der Fälle: Sie erfahren, für jedermann und jedefrau leichtverständlich, was üblicherweise den Fachleuten vorbehalten bleibt. 2011 · DIN A5 · Euro 9.95 · ISBN 978-3-8391-0556-6

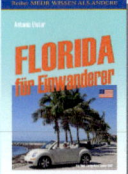

Florida für Einwanderer

Sonne, Palmen und Meer – damit ist für die meisten Menschen Florida, der tropische Bundesstaat der USA, beschrieben. Doch wer dort länger leben möchte als nur zwei Urlaubswochen, wer vielleicht gar US-Resident sein möchte, dem nutzt das typische Urlaubswissen nur wenig. In diesem Ratgeber wird Florida für Einwanderer beschrieben: Neben der klimatischen, wirtschaftlichen und politischen Lage erfahren Sie alles Nötige über das persönliche Wohnen, Arbeiten, Steuern zahlen und vieles mehr aus erster Hand. 2009 · DIN A5 · Euro 9,95 · ISBN 978-3-8370-8866-3

Der richtige Lizenzvertrag

für Patent-Inhaber und Erfinder. In „Deutscher Patentschutz für 40 Euro" wird gezeigt, wie gute Ideen kostengünstig beim Deutschen Patentamt geschützt werden. Doch wie erhält man dann einen Lizenzvertrag? Und was gehört hinein? Hier wird ein echter Vertrag zwischen Erfinder und Produktionsunternehmen Punkt für Punkt vorgestellt und erläutert. So erhalten Sie wertvolle Unterstützung, um bares Geld zu sparen und zu verdienen: Bei Lizenzgebühren, Anwaltsauslagen und durch die Erinnerung an Vertragsrisiken, an die nicht jeder denkt. 2009 · DIN A5 · Euro 9,95 · ISBN 978-3-8370-8867-0

Tips und Tricks zu Green Card und B-Visum

Die USA sind das Top-Einwanderungsland unserer Erde. Um sich dort jedoch erfolgreich einzurichten, ist fundiertes amerikanisches Know-How gefragt. Dieser Ratgeber hilft allen Menschen, die sich zeitweise oder permanent in den USA niederlassen möchten, bei der richtigen Visumauswahl. Er informiert über die gängigsten Visaformen GreenCard und B1/B2 Visum, und worauf es bei den US-Behörden bei der Beantragung ankommt. 2. akt. Auflage 2011 · 12 x 19 cm · Euro 8,95 · ISBN 978-3-8981-1159-1

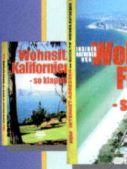

Wohnsitz Florida - so klappts !

Um sich in den USA erfolgreich niederzulassen, ist viel amerikanisches Know-how notwendig. Die Wohnsitz-Ratgeber zu Florida und Kalifornien sind umfassende, detaillierte Handbücher zum jeweiligen US-Bundesstaat: Einreisefragen, Haus- und Autokauf, Steuern, Stellensuche – das komplette Gewusst-Wie zum „Leben genießen in den USA" erfährt der Leser aus erster Hand. Ebenso enthalten sind ausgewählte Anschriften und Internetadressen, wie sie nur die Praxis liefern kann. A Florida: 2000 · DIN A5 · Euro 15,29 · ISBN 978-3-8981-1216-1 B Kalifornien: 2000 · DIN A5 · Euro 15,29 · ISBN 978-3-8981-1332-8

100 verblüffende Autogeheimnisse

Nur wenige Menschen ahnen, welche verblüffenden Geheimnisse die erfolgreichste Maschine der Erde verbirgt. In diesem Buch wird erstaunliches Auto-Wissen leichtverständlich vorgestellt. Wer fundiert wissen möchte, wieviel PS eigentlich ein Pferd hat, ob die „James-Bond-Wende" wirklich funktioniert und daß Züge, nicht Autos, die wirklichen Umweltverschmutzer sind . . . und über weitere 97 Tatsachen informiert sein möchte, die üblicherweise Kfz-Ingenieuren vorbehalten bleiben – der erfährt hier weithin unbekannte Eigenschaften unserer Autos. 2002 · DIN A5 · Euro 15,90 · ISBN 978-3-8311-1826-7

Verbraucher-Warnung: Kaufen Sie kein Elektro-Auto

Ob als Vollelektroversion oder als sogenannter Hybrid – Elektroautos werden über den grünen Klee gelobt. Allerdings nur von Meinungs- und Politikmachern, die häufig über Dinge reden und schreiben, in die sie wenig Einblick besitzen. Wie sieht es wirklich aus mit der Gebrauchsfähigkeit, den Kosten und der Gefährlichkeit von E-Autos? Die Antworten darauf fallen verheerend aus, so daß der Rat an Kauf-Interessenten nur lauten kann: Sehen Sie von einem Kauf ab, wenn Sie sich nicht viel Ärger, Enttäuschungen und Kosten einhandeln wollen. 2010 · DIN A5 · Euro 9,95 · ISBN 978-3-8391-6373-3

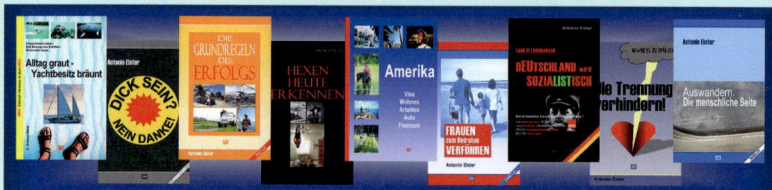

▶ **Alltag graut – Yachtbesitz bräunt** „Durchschnitts-Landratte wird Schiffsbesitzer" - wer hat davon noch nicht geträumt? Hier ist der Beweis, daß wirklich jeder Mensch ein neues Leben beginnen kann. Spannend und unterhaltsam werden die Erlebnisse eines völlig boots-unerfahrenen Deutschen erzählt – auf seinem Weg zum süßen, unbeschwerten Leben auf der eigenen Yacht in Florida: Ab sofort ist jedes Jahr das beste Jahr. 2000 • 12 x 19 cm • Euro 12,74 • ISBN 978-3-8981-1334-2

▶ **Amerika: Visa • Wohnen • Arbeiten • Auto • Finanzen** Aufbauend auf „Wegziehen in die USA" liefert dieser Ratgeber noch detailliertere USA-Informationen, die weit über das übliche Urlaubswissen hinausgehen: Visa, Hauskauf und Anmietung, Stellensuche, Firmengründung, Autokauf, Führerscheine, Banken und Steuern. 2001 • DIN A4 • Euro 9,95 • ISBN 978-3-8311-1922-6

▶ **Dick sein ? Nein Danke !** Schlank werden und sein – für viele Menschen ein Dauerthema. Dabei ist Abnehmen viel einfacher als viele glauben: Jeder Körper kann auf ein frei gewähltes Wunschgewicht „eingestellt" werden. Leichtverständliche Kenntnisse reichen aus, denn die mächtige MMF-Regel macht es möglich: Schöner, gesünder und sogar kostengünstiger leben - kurz: endlich glücklich sein. Hier erfahren Sie das Grundgesetz jedes Schlankseins. Ohne Kosten, und zum Sofortstart geeignet. 2010 • 12 x 19 cm • Euro 8,95 • ISBN 978-3-8391-0921-2

▶ **Hexen heute erkennen** Viele Menschen wissen intuitiv: In unserer Welt existieren Kenntnisse und Fähigkeiten, die den Wissenschaften auf immer verborgen bleiben. Und von denen nur wenige zu träumen wagen: Wirkliche Hexen sind unter uns. Daß diese klugen und mächtigen Frauen, zu unrecht oft als „böse" abgestempelt, heutzutage nicht als alte Weiber samt schwarzer Katze auftreten, das ist vielen klar. Aber wie sind sie dann zu erkennen ? Und sollte man das überhaupt versuchen...? 2005 • 12 x 19 cm • Euro 8,90 • ISBN 978-3-8334-3192-0

▶ **Land in Feindeshand – Deutschland wird sozialistisch** Viele Anzeichen der deutschen und europäischen Politik geben Anlaß zu Sorge: Um die persönliche Freiheit, um das persönliche Eigentum und um die kommende Generation. Die Anzeichen totalitärer Prinzipien und Denkweisen mehren sich. Zieht schon wieder der häßliche und stets kriminelle Sozialismus auf ? 2003 • 12 x 19 cm • Euro 9,90 • ISBN 978-3-8330-0485-8

▶ **Frauen zum Heiraten verführen** Heiraten – das höchste Ziel einer guten Partnerschaft auf ihrem Weg zur besten. Doch wenn „die Beste von allen" noch nicht so recht überzeugt ist, dann hilft dieser Ratgeber dem modernen Mann: Für zahlreiche Alltagssituationen erfährt der Leser leicht verständliches und einfach anzuwendendes psychologisches Know-How, um in ihrem Kopf die Hochzeitsgedanken hüpfen zu lassen. 2010 • 12 x 19 cm • Euro 8,90 • ISBN 978-3-8391-1885-6

▶ **Die Grundregeln des Erfolgs. So werden Sie erfolgreich** Ob in der Partnerschaft, im Beruf oder beim Kontostand – erfolgreich werden Menschen überall in der Welt auf ähnliche Weise, weil alle Menschen einer ähnlichen Psychologie folgen. In diesem Ratgeber erfahren Sie die Grundregeln jedes Erfolges. So können Sie ab sofort die richtigen Entscheidungen in Ihrem Leben treffen. Denn es ist Ihres, und Sie haben nur eines. Und nur Sie allein bestimmen Ihre Ziele, und ob Sie diese Ziele erreichen. 2010 • 12 x 19 cm • Euro 9,95 • ISBN 978-3-8391-2049-1

▶ **Bevor es zu spät ist: Die Trennung verhindern** Wenn zu spüren ist, daß die Liebe zur Tür hinaus will, dann ist es höchste Zeit zu reagieren. Doch wie könnte die Beziehung noch gerettet werden ? Hier erfahren Sie mehr als 30 wertvolle Tips aus der praktischen Psychologie, damit Ihr Partner seine Trennungsgedanken nicht einmal überdenkt. Bevor es zu spät ist, können Sie mithilfe dieses Ratgebers einen fundierten Rettungsversuch für Ihre Beziehung unternehmen. Gleichzeitig legen Sie den Grundstein für eine dauernde und glückliche Beziehung – gerade jetzt, wenn es so gar nicht danach ausschaut. 2009 • 12 x 19 cm • Euro 8,95 • ISBN 978-3-8370-8865-6

▶ **Auswandern. Die menschliche Seite** Hier wird die menschliche Seite einer Auswanderung geschildert: Warum und wieso eigentlich weg aus Deutschland ? Wie steht der Partner dazu ? Und wie könnte sich das auf die Beziehung auswirken ? Die tatsächlichen Erlebnisse eines jungen Paares aus Deutschland – erst ins entfernte Neuseeland, dann in die USA – faszinieren. Und machen nachdenklich. Doch zum Ende gilt wiedereinmal: Wer nicht aufgibt, der erreicht seine Ziele. 2010 • 12 x 19 cm • Euro 9,95 • ISBN 978-3-8370-9291-2